Küchen solo

Küchen solo

Schnelle Gerichte für 1 Person

Herausgegeben von Sabine Kieslich

Bassermann

Hinweise zu den Rezepten

Auch für eine Person lohnt es sich zu kochen! Das Buch ist in mehrere Kapitel aufgeteilt, die speziell die Lebenssituationen von Singles berücksichtigen. Dabei spielen kurze Zubereitungszeiten sowie eine unkomplizierte Handhabung eine wichtige Rolle.

Portionsangaben
In der Regel beziehen sich die Mengenangaben für die einzelnen Gerichte auf eine Person. Eine Ausnahme bildet das Kapitel „Köstliches für Freunde", das Rezepte für zwei beziehungsweise vier und mehr Personen beinhaltet.

Die Zubereitungszeiten
Die in jedem Rezeptkopf angegebene Zubereitungszeit umfasst die Vorbereitungs- und Garzeit. Eventuelle Sonderzeiten, wie etwa Zeit zum Kühlen, Zeit zum Durchziehen oder Zeit zum Backen, werden extra im Rezeptkopf ausgewiesen und müssen zur Zubereitungszeit hinzugerechnet werden. Alle Zeitangaben beruhen auf durchschnittlichen Erfahrungswerten. Abweichungen können aufgrund der Beschaffenheit von Zutaten, Kochgeschirr und Herd auftreten.

Die Backofentemperaturen
Die Temperaturangaben sind jeweils sowohl für herkömmliche Elektroöfen als auch für Umluft- und Gasöfen angegeben, sodass sie nicht erst mühsam umgerechnet werden müssen.

... und noch ein paar letzte Hinweise
Die Zutaten sind jeweils in der Reihenfolge ihrer Verwendung in der Zutatenliste aufgeführt.
Zu vielen Rezepten gibt es Extratipps, beispielsweise worauf man besonders achten muss oder wie man ein Gericht geschickt variieren kann, sowie interessante Informationen zur Warenkunde.

Auf einen Blick

Abkürzungen

EL	=	Esslöffel (gestrichen)
TL	=	Teelöffel (gestrichen)
Msp.	=	Messerspitze
TK-...	=	Tiefkühl-...
Ø	=	Durchmesser
°C	=	Grad Celsius
l	=	Liter (= 1000 ml)
ml	=	Milliliter
cl	=	Zentiliter (= 100 ml)
g	=	Gramm

Maßumrechnungstabelle

1 l	=	1000 ml
1 Wasserglas	=	200 ml
1 Tasse	=	150 ml
1 Esslöffel	=	15 ml
1 Teelöffel	=	5 ml

Gasherdtemperaturen

150–175 °C	=	Gasstufen 1–2
175–200 °C	=	Gasstufen 2–3
200–225 °C	=	Gasstufen 3–4
225–250 °C	=	Gasstufen 4–5

Inhalt

Hinweise zu den Rezepten 4

Vorwort 6

Küchenausstattung 7

Stressfreies Einkaufen 9

Sinnvolle Vorratshaltung 10

Resteverwertung 12

Portionsmengen für Singles 13

Schnelle Sattmacher 14

Raffiniertes aus Resten 44

Snacks fürs Büro 64

Köstliches für Freunde 88

Stärkungen für Couchpotatoes 110

Rezeptverzeichnis 126

Vorwort

Seit Jahrzehnten wird der Trend zum Ein-Personen-Haushalt, sprich zum Single-Dasein, immer stärker. Diese Entwicklung zeigt, dass in unserer Gesellschaft Unabhängigkeit und Flexibilität eine immer größere Rolle spielen. Allein einen Haushalt zu führen hat aber nicht nur Vorteile, sondern auch Nachteile. Der Einzelne muss alles im Blick behalten und organisieren, was besonders für Berufstätige gar nicht so einfach ist. Dies führt meistens zu einem Abwägen zwischen dem Aufwand, den die Zubereitung einer kompletten Mahlzeit in Anspruch nimmt, und der Freizeit, die man möglichst ohne lästiges Einkaufen, Kochen und Abwaschen genießen möchte. Eine unpraktische Kücheneinrichtung kann ebenfalls Schuld daran sein, dass Singles das Kochen für sich selbst vernachlässigen. Als Alternativen bleiben dann oft nur die Tiefkühlpizza, die Dose Ravioli, das Telefonat mit dem Pizza-Lieferservice um die Ecke oder der Gang zur nächsten Pommes- oder Döner-Bude, immer mit dem Hintergedanken, dass man so zwar schnell seinen Hunger stillen kann, seiner Gesundheit aber keinen guten Dienst erweist.
Damit ist jetzt Schluss! Wir verraten Ihnen in diesem Buch schnelle und unkomplizierte Rezepte für alle Lebenslagen: schnelle Sattmacher, wenn die Zeit ganz knapp ist, Gerichte aus der Resteküche, die Ihnen helfen, Vorräte optimal und zeitsparend zu verwerten, Snacks fürs Büro, leckere Gerichte für den Fall, dass Freunde zu Besuch kommen, sowie kleine Köstlichkeiten für faule Wochenenden oder Abende, die man gemütlich bei einem spannenden Buch oder Fernsehkrimi auf dem Sofa verbringt.
Darüber hinaus geben wir Ihnen auch noch ein paar Tipps und Tricks an die Hand, wie Sie Ihren Single-Haushalt wesentlich besser organisieren können.

Küchenausstattung

Das zunächst wichtigste Kochutensil ist ohne Zweifel der **Herd** – ohne den geht nämlich kaum etwas. Am weitesten verbreitet sind Elektro- und Gasherde. Auf ihnen können nahezu alle Arten von Töpfen und Pfannen verwendet werden, solange sie nicht überhitzt oder anderweitig unsachgemäß beansprucht werden. Etwas anders verhält es sich mit den modernen Herdtypen – den Herden mit Glaskeramikfeldern und der Mikrowelle.

Die Kochfelder der **Glaskeramikherde** sind flach und glatt und nur durch optische Hervorhebungen (kreisförmige oder quadratische Flächen in verschiedenen Farben) von der Herdfläche zu unterscheiden. Hier können alle Arten von Kochgeschirr benutzt werden, jedoch müssen Töpfe und Pfannen für Glaskeramikherde unbedingt folgende wichtige Eigenschaften aufweisen:

- Der Topf- oder Pfannenboden muss bei Erwärmung lückenlos auf der Kochfläche stehen, was bedeutet, dass die Bodenfläche des Topfes absolut plan sein muss und keine Wölbungen oder Dellen aufweisen darf.
- Der Topfdurchmesser darf nicht kleiner sein als der Heizkörper der Glaskeramikkochfläche.
- Der Topf- oder Pfannenboden sollte in der Lage sein, die Strahlungswärme des Kochfeldheizkörpers aufzunehmen.
- Der Topf- oder Pfannenboden darf bei Temperaturen von bis zu 600 °C keine Anschmelzungen oder irgendwelche chemische Reaktionen zeigen.
- Die Topf- oder Pfannenunterseite muss zur Vermeidung von Kratzspuren glatt und abriebfest sein.

Mikrowellenherde finden eine immer größere Verbreitung. Trotzdem gibt es noch Vorbehalte gegen die ungewöhnlich schnell garenden Geräte. Zum besseren Verständnis hier einige Informationen: Mikrowellen sind keine gefährlichen Wellen, die das Essen „bestrahlen“, sondern elektromagnetische Hochfrequenzwellen von rund 2450 Megahertz (Vergleich: ein UKW-Sender strahlt zwischen 80 und 120 Megahertz aus). Der Erwärmungs- beziehungsweise Garungsprozess besteht darin, dass die Mikrowellen alle Wasser- und Fettmoleküle einer Speise anregen und in Schwingung versetzen. Durch diese Reibung entsteht Hitze. Dinge, die kein (oder nur geringste Spuren) Wasser enthalten, bleiben von der Mikrowelle unberührt. So kommt es, dass die Speise auf einem Teller dampft und der Teller selbst kühl bleibt. Da Mikrowellen von Metall reflektiert werden, darf das verwendete Geschirr weder aus Metall sein noch Metall enthalten (zum Beispiel Teller mit Goldrand). Ansonsten können alle hitzebeständigen Behälter verwendet werden. Gerade für den Ein-Personen-Haushalt sind Mikrowellenherde ideal, weil man damit zeit- und energiesparend auch sehr kleine Speisemengen garen kann.

Single-Dasein ...

Für die Ausstattung Ihrer Küche mit **Kochgeschirr** reichen zunächst einige wenige Utensilien, bei denen Sie allerdings insbesondere auf Qualität und auf Haltbarkeit achten sollten. Die wichtigsten Kochutensilien für die Single-Küche sind:
Zwei bis drei **Töpfe** von unterschiedlicher Größe (beispielsweise eine Stielkasserolle mit etwa 16 cm Ø, ein etwas größerer Topf mit etwa 20 cm Ø) sowie eine Bratpfanne (20–22 cm Ø) genügen für den Anfang. Wählen Sie die Töpfe lieber zu groß als zu klein, damit Sie auch einmal für Freunde, die zu Besuch kommen, kochen können. Zudem gelingen kleine Mengen auch in großen Töpfen, große Mengen aber niemals in kleinen Töpfen. Neben der Größe spielt auch das Material eine wichtige Rolle. Töpfe aus Cromargan, einem rostfreien Edelstahl, sind heute Standard. Gegenüber den früheren emaillierten Töpfen weisen sie eine bessere Wärmeleitfähigkeit auf und sind daher energiesparend. Der Boden liegt absolut plan auf der Herdplatte oder dem Kochfeld auf, die Töpfe sind kratzfest, gut zu reinigen und sehen auch nach jahrelangem, ständigem Gebrauch noch wie neu aus. Achten Sie bei der Wahl Ihrer Töpfe auch auf gut schließende Deckel und auf hitzebeständige Griffe!
Wählen Sie unter den **Bratpfannen** eine aus, die nicht zu leicht und zudem gut beschichtet ist. Achten Sie darüber hinaus auf einen schweren, wärmespeichernden Boden und auf einen hitzfesten Griff, denn die Pfanne sollten Sie auch einmal in den Backofen stellen können (beispielsweise zum Überbacken). Wenn Sie Ihre Pfanne richtig pflegen, haben Sie lange Freude daran. Man reinigt sie am besten unter heißem Wasser, möglichst ohne Spülmittel, ohne Stahlwolle und ohne harte Bürste; meistens genügt ein Spülschwamm. Wenn Sie nur Eier oder Zwiebeln darin braten, ist Spülen überflüssig. Es genügt, die Pfanne mit Küchenkrepp auszuwischen, solange sie noch warm ist.
Sicherlich kommen einmal Eltern oder Freunde zu Besuch. Deshalb empfiehlt es sich beim **Geschirr**, neben den verschiedensten Kaffeetassen auch Teller und Unterteller zu besitzen, die zusammenpassen, damit Sie in der Lage sind, vier Personen komplett zu bewirten. Hier ist ein Vorschlag für Ihre Grundausstattung, die Sie beliebig ergänzen können:

- zwei große Schüsseln, um Salat und Nudeln anzurichten
- zwei kleinere Schüsseln, um Gemüsebeilagen, Saucen und Dips zu servieren
- eine flache Gratinform , um Gratins zuzubereiten oder Gerichte zu überbacken
- eine kleine Auflaufform, um Aufläufe und Soufflés zuzubereiten.

Nützlich sind in jedem Fall auch Plastikschüsseln und Rührgefäße sowie ein paar Aufbewahrungsbehälter in verschiedenen Größen.
Unentbehrlich für jede Küche sind gute **Messer**. Ein großes schweres Schlag- oder Kochmesser und mindestens ein kleines scharfes Schälmesser gehören in jeden Haushalt. Zusätzlich leisten ein Brotmesser mit Wellenschliff sowie ein Gemüsemesser gute Dienste.

Auch ein gutes **Arbeitsbrett** darf nicht fehlen. Besser noch sind ein Brett für Obst und Süßspeisen und eines für Gemüse, Käse und Fleisch. Brettern aus Kunststoff ist dabei den Vorrang zu geben, denn sie sind hygienischer als Bretter aus Holz und zudem spülmaschinengeeignet.
Weitere praktische **Küchenhelfer** sind: Sparschäler für Kartoffeln und Gemüse, ein kleines und ein großes Sieb, Vierkantreibe, Zitronenpresse, Knoblauchpresse, Schneebesen, Kochlöffel, Bratenwender, Schaumlöffel, Schöpfkelle, Messbecher, robuste Küchenschere, Korkenzieher und Dosenöffner.
Wer Aufläufe und Kuchen mag, braucht hitzebeständige Auflauf- und Backformen, beispielsweise aus Glas, Keramik oder Metall. Auflaufschüsseln sind besonders vielseitig und können natürlich auch für andere Zwecke verwendet werden.

Stressfreies Einkaufen

Vor dem Gang in den Supermarkt steht erst einmal der Einkaufszettel, denn ohne vorherige Planung hat man zwar schnell etwas im Einkaufskorb, aber zu Hause angekommen fehlt dann doch die eine oder andere wichtige Kleinigkeit. Das lässt sich vermeiden, wenn Sie vorher in Ruhe überlegen, welche Zutaten benötigt werden.
Als Single steht man oft vor den Regalen im Supermarkt und fragt sich, ob man lieber eine kleinere Packung wählt, die verhältnismäßig teuer ist, oder direkt zur Familiengröße greift. In dieser Situation sollte man bedenken, dass sich die **Minipackung** ebenfalls rechnet: Entscheidet man sich für die Großpackung, besteht die Gefahr, dass man die häufig inzwischen schlecht gewordenen Reste wegwirft. Zudem nehmen viele angebrochene Packungen im Vorratsschrank unnötig Platz weg.
Käse, **Wurst** und **Fleisch** kaufen Sie am besten lose an der Käse- oder Fleischtheke, denn dort entscheiden Sie über die Größe und Menge. Lassen Sie sich nicht beirren, falls der Metzger bei Ihrer Bestellung von 100 Gramm Hackfleisch einmal verärgert reagieren sollte, denn der Kunde ist König! Zudem sind mittlerweile mehr als ein Drittel der Haushalte in Deutschland Ein-Personen-Haushalte und so werden Sie bestimmt nicht der erste Kunde sein, der nach solch kleinen Mengen fragt.
In der Obst- und Gemüseabteilung können Sie sich selbst bedienen. Auch hier gilt es, darauf zu achten, nicht unbedingt die preiswert abgepackte Ware zu kaufen.
Achten Sie vielmehr auf Frische und bevorzugen Sie **Obst** und **Gemüse**, bei dem Sie die Menge individuell bestimmen können.

Sinnvolle Vorratshaltung

Es ist nicht nötig, jeden Tag einkaufen zu gehen, was besonders für Berufstätige auch oft sehr lästig ist. Legen Sie sich einfach einen kleinen, wohl durchdachten Vorrat von Lebensmitteln an – dann sind Sie auf jede Situation vorbereitet, wie beispielsweise auf den kleinen Hunger zwischendurch, für Abende nach langen Bürostunden oder für schlechtes Wetter. Etliche Lebensmittel lassen sich im Kühlschrank oder im Vorratsschrank tage-, wochen- oder sogar monatelang aufbewahren. Es empfiehlt sich dabei, stets auf das aufgedruckte Haltbarkeitsdatum zu achten und die Vorräte regelmäßig zu kontrollieren, damit Sie sie rechtzeitig verbrauchen. Selbstverständlich ist bei der Auswahl und bei der Menge der Vorräte der persönliche Geschmack entscheidend. Sie wissen selbst am besten, was Sie gern und dementsprechend oft essen. Von diesen Lebensmitteln werden Sie sicher größere Mengen einlagern als von selten verwendeten Zutaten. Hier einige Anregungen für das Lagern von Lebensmitteln:

Der **Vorratsschrank** (der dunkel und kühl sein sollte) eignet sich für die Lagerung von Mehl und Getreide wie Reis, Hirse, Grieß, Grünkernschrot, aber auch Speisestärke, Semmelbrösel, Zucker, Honig, Salz, Nudeln, Hülsenfrüchte, Suppenpasten in Gläsern oder Instantbrühen, einige Gewürze nach Geschmack, getrocknete Pilze und Chilischoten, Tomatenmark, Essig, Öl, haltbares eingeschweißtes Brot, haltbare Milch, Nüsse und Mandeln, Rosinen, Zwiebeln und Knoblauch. Platz finden darüber hinaus Fertigprodukte wie Kartoffelpüree oder Knödel im Kochbeutel sowie Suppen, Saucen und Konserven aller Art.

Konserven werden in Dosen oder Gläsern angeboten und zwar hauptsächlich in folgenden Größen:

Dose	Inhalt	für
1/1-Dose	850 ml	4 Personen
2/3-Dose	580 ml	3 Personen
1/2-Dose	425 ml	2 Personen
1/3-Dose	315 ml	1–2 Personen

Gläser	Inhalt
Normal-/ Euroglas	720 ml
1/2-Glas	370 ml
1/4-Glas	210 ml

Im **Kühlschrank** werden die Produkte gelagert, die schneller verderblich sind. Eingeschweißter Käse, abgepackte Wurst, haltbare Sahne und Joghurt, Butter oder Margarine, Eier, Konfitüre, Zitronen, Senf und Mayonnaise können hier über einen längeren Zeitraum problemlos gelagert werden.
Im **Tiefkühlgerät** oder alternativ auch im **Gefrierfach** des Vier-Sterne-Kühlschranks können sehr viele Tiefkühlprodukte jederzeit bereitgehalten werden. Das ist für Singles besonders praktisch, denn ob Fleisch, Fisch, Meeresfrüchte, geriebener Käse, Obst, Gemüse oder Kräuter – alles lässt sich monatelang aufbewahren. Auch können Sie je nach Bedarf kleine Lebensmittelmengen aus den Packungen entnehmen und den Rest dann einfach in das Gefrierfach zurücklegen. So lässt sich recht gut für Abwechslung auf dem Speiseplan sorgen.

Checkliste für Vorräte

Mithilfe der folgenden Hinweise können Sie Ihre Vorratshaltung optimieren:

- Immer das Haltbarkeits- und Verbrauchsdatum beachten.
- Neu gekaufte Lebensmittel im Vorratsschrank immer nach hinten stellen.
- Selbst eingefrorene Lebensmittel immer mit Datum und Menge beschriften.
- Faules Obst und Gemüse sofort aussortieren, bevor es anderes ansteckt.
- Konserven mit aufgewölbten Deckeln nicht kaufen und auf gar keinen Fall verwenden.
- Alle angebrochenen Vorräte in fest verschließbare Gläser oder Dosen umfüllen.
- Den Vorratsschrank regelmäßig mit warmem Essigwasser reinigen.
- Vorräte in größeren Abständen auffüllen.

Fertiggerichte sind nie wirklich fertig

Fertig- und Halbfertiggerichte sind große Klasse für Singles, weil sie herrlich bequem sind. Aber Vorsicht! Meistens fehlen diesen Gerichten die frischen Zutaten und damit oft einige der für die Ernährung so wichtigen gesunden Nährstoffe. Daher empfiehlt es sich, Fertiges aus der Packung so oft wie möglich mit Frischem zu kombinieren. Ergänzen Sie zum Beispiel eine Tiefkühlpizza durch einen frischen Salat oder peppen Sie eine Fertigsuppe mit frischen Kräutern oder etwas knackigem Gemüse auf. So sparen Sie Zeit und versorgen sich dennoch mit wichtigen Vitaminen und Mineralstoffen.

Zeitersparnis beim Kochen

Wer regelmäßig für sich kocht, kann eine Menge Zeit sparen, wenn er vorarbeitet. So lohnt es sich bei Kartoffeln, Reis und Nudeln gleich die doppelte Menge zu kochen und am nächsten Tag mit diesen Zutaten ein anderes Gericht zuzubereiten. Auf Seite 44 bis 63 finden Sie eine Reihe von Rezepten, die es Ihnen ermöglichen, gleich mehrere Zutaten für zwei Mahlzeiten einzusetzen, ohne dass es langweilig oder eintönig wird.

Auf Vorrat lassen sich auch gut Salatmarinaden auf Essig-Öl-Basis zubereiten. Dafür rührt man eine Sauce anstatt für sich allein gleich für vier Personen an. Geben Sie alle Zutaten in ein Schraubglas, verschließen Sie es und schütteln Sie die Zutaten kräftig durch. So brauchen Sie nicht einmal einen Schneebesen und im Nu ist die Marinade fertig. Nehmen Sie dann immer so viel Marinade, wie Sie für Ihren Salat brauchen, aus dem Schraubglas, den Rest können Sie etwa zwei Wochen lang im Kühlschrank aufbewahren.

Resteverwertung

Im Ein-Personen-Haushalt bleibt leicht etwas von einer Mahlzeit übrig, deshalb erhalten Sie nachfolgend ein paar Anregungen zur Resteverwertung.

Fleisch/Wurst: Fleisch- und Wurstwaren können zwar weder frisch noch zubereitet lange aufgehoben werden, man kann sie jedoch in schmale Streifen schneiden und als kleine Beigabe zu gebratenem Reis, zu Nudelgerichten oder zu Bratkartoffeln verwenden. Auch gewürfelt als Suppeneinlage oder dünn geschnitten als Brotbelag lassen sie sich gut verwerten.

Fisch: Fisch kann nicht einfach noch einmal aufgewärmt oder gebraten werden. Rohe Fischreste ergeben jedoch einen schönen Fond, wenn man sie mit Wasser und ein paar Gemüsestückchen (wie etwa Lauch oder Karotten) schwach kocht. Dieser Fond kann aber auch eingefroren und dann bei Bedarf für Fischsaucen oder Kochfisch verwendet werden.

Reis, Nudeln und Hülsenfrüchte: Es gibt kaum Nahrungsmittel, die sich besser „wiederverwenden“ lassen als Reis, Nudeln und Hülsenfrüchte. Gebratener Reis oder gebratene Nudeln mit Peperoni, Curry, Schinkenwurst und schwarzem Pfeffer, dazu eine kleine Frischkost oder grünes Gemüse, ergeben pikante, deftige Speisen, die man in wenigen Minuten zubereiten kann. Aus gekochten Hülsenfrüchten lässt sich ebenfalls ohne viel Zeit- oder Arbeitsaufwand, püriert und in einem Bratling mit Ei, Käse, etwas Mehl, frischen Kräutern und Pfeffer verwendet, ein vegetarischer Leckerbissen zubereiten, den man zudem vielfältig variieren kann.

Gemüse: Gemüsereste lassen sich gut für Aufläufe oder Gegrilltes verwenden. Da sie schon gegart sind, ist die Zubereitungszeit im Backofen oder im Grill sehr kurz. Ganz kleine Gemüsereste kann man ideal als Suppenbeilage verwenden. Ebenso kann man aus Gemüseresten eine Brühe kochen, die die Grundlage für Saucen und Suppen bildet. Kartoffeln, die übrig geblieben sind, bieten sich für Bratkartoffeln oder Püree an. Aus Kartoffelpüree können auch Kroketten zubereitet werden, wenn man diese formt und in geschlagenem Eigelb und Paniermehl wendet. Wer keine Fritteuse besitzt, kann den auf diese Weise panierten Kartoffelteig auch mit reichlich Öl in der Pfanne braten.

Portionsmengen für Singles

Nahrungsmittel	Portionsgröße
Bratfleisch	150 g (150 g)
Gulaschfleisch	125 g (125 g)
Steak	200 g (200 g)
Schweinekotelett	150 g (120 g)
Schweineschnitzel	125 g (125 g)
Lammkotelett	100 g (80 g)
Fischfilet	200 g (200 g)
Scholle (ganzer Fisch)	375 g (210 g)
Seezunge (ganzer Fisch)	375 g (270 g)
Krabbenfleisch	50 g (50 g)
Muscheln mit Schalen	500 g (90 g)
Gemüse	300 g (200 g)
Kartoffeln als Beilage	200 g (160 g)
Pommes frites	150 g (150 g)
Reis (roh) als Beilage	50 g (50 g)
Reis (roh) als Hauptgericht	100 g (100 g)
Hülsenfrüchte als Beilage	70 g (70 g)

In der Übersicht links sind wichtige Lebensmittel mit ihren **Portionsgrößen** aufgelistet, um Ihnen zu helfen, die Mengen besser einschätzen zu können. Die erste Mengenangabe bezieht sich dabei auf die **Einkaufsmenge**. In Klammern steht der **essbare Anteil**, der zum Beispiel durch Putzen oder Schälen geringer ausfällt als die gekaufte Menge.

Sattmacher

In diesem Kapitel finden Sie schnelle und einfache Gerichte, sowohl für den kleinen Appetit zwischendurch als auch für den größeren Hunger, beispielsweise nach einem langen und ermüdenden Arbeitstag. Von delikaten Suppen über knackigfrische Salate bis hin zu pikanten oder herzhaften Hauptmahlzeiten und raffinierten Desserts wird hier eine große Auswahl an Gerichten vorgestellt, die oft in weniger als einer halben Stunde auf den Tisch gezaubert werden können. Nehmen Sie sich ein wenig Zeit und genießen Sie das wohlige Gefühl, das sich nach einem leckeren Essen einstellt.

Spargelsüppchen mit Kresse (s. Abb. S. 14/15)

Zubereitungszeit: ca. 25 Minuten

Zutaten für 1 Person

1 EL Butter oder Margarine
100 g frischer Spargel
1/2 Zwiebel
1/2 Tasse Weißwein
1/8 l Fleischbrühe
1/2 Tasse Sahne
1 EL Mehl
Salz
Pfeffer, frisch gemahlen
einige Tropfen Zitronensaft
einige Tropfen Worcestersauce
1 Prise Zucker
1/2 Kästchen Kresse

1. Die Butter oder Margarine in einem Topf erhitzen und den geschälten und in Stücke geschnittenen Spargel darin glasig dünsten. Die fein gehackte Zwiebel dazugeben und kurz mitdünsten.

2. Die Mischung mit Weißwein ablöschen, mit der Fleischbrühe auffüllen und zugedeckt bei mittlerer Hitze 10 Minuten köcheln lassen.

3. Die Sahne mit dem Mehl verrühren, zur Suppe geben und diese bei kleiner Hitze 5 Minuten köcheln.

4. Die Suppe mit Salz, Pfeffer, Zitronensaft, Worcestersauce und Zucker kräftig abschmecken.

5. Die verlesene, gewaschene und gehackte Kresse auf die Suppe geben.

Schnelles Porreesüppchen

Zubereitungszeit: ca. 20 Minuten

Zutaten für 1 Person

1 EL Butter oder Margarine
1 kleine Stange Porree
1 Kartoffel
1 Tasse Weißwein
1/8 l Fleischbrühe
1 Msp. Muskatnuss, gerieben
etwas Salz und Pfeffer, frisch gemahlen
2 EL Crème fraîche
1 Eigelb
1 Prise Cayennepfeffer
1 Prise Zucker

1. Die Butter oder Margarine erhitzen und den in kleine Stücke geschnittenen Porree glasig dünsten.

2. Die Kartoffel schälen, in kleine Würfel schneiden, zum Porree geben und kurz mitdünsten. Das Ganze mit Weißwein ablöschen und mit der Fleischbrühe auffüllen. Zugedeckt bei mittlerer Hitze 10 Minuten köcheln lassen. Einige Gemüsestücke für die Garnitur herausnehmen.

3. Die Suppe mit dem Pürierstab pürieren, erneut erhitzen, mit Muskatnuss, Salz und Pfeffer würzen.

4. Die Crème fraîche mit dem Eigelb verschlagen und unter die Suppe ziehen. Die Suppe vom Feuer nehmen, nochmals mit Cayennepfeffer und Zucker abschmecken und mit den Gemüsestücken garnieren.

Salatsüppchen

Zubereitungszeit: ca. 15 Minuten

Zutaten für 1 Person

1 TL Butter oder Margarine
1 kleine Zwiebel
50 g Kartoffeln
1/2 Tasse Orangensaft
einige Blätter Eisbergsalat
einige Zweige Schnittlauch
1/8 l Fleischbrühe
1 Msp. Thymian
etwas Salz
Pfeffer, frisch gemahlen
1 Prise Muskatnuss, gerieben
1 Eigelb
1/2 EL Crème fraîche

1. Die Butter oder Margarine in einem Topf erhitzen und die fein gehackte Zwiebel darin glasig dünsten.

2. Die geschälten und in kleine Würfel geschnittenen Kartoffeln dazugeben und den Orangensaft angießen. Das Ganze zugedeckt bei mittlerer Hitze 5 Minuten köcheln lassen.

3. Die verlesenen, gewaschenen, gut abgetropften und in grobe Stücke geschnittenen Salatblätter zu den Kartoffeln geben und kurz mitdünsten. Einige Salatstreifen für die Garnitur zurückbehalten.

4. Den verlesenen, gewaschenen und geschnittenen Schnittlauch unterziehen, die Fleischbrühe angießen, mit Thymian würzen und mit Salz, Pfeffer sowie Muskatnuss abschmecken.

5. Die Suppe einmal aufkochen lassen und anschließend im Mixer oder mit dem Pürierstab pürieren.

6. Das Eigelb mit der Crème fraîche verschlagen, unter die Suppe geben und diese nochmals erhitzen, aber nicht kochen lassen! Mit einigen Salatstreifen garnieren.

Endiviensalat mit Ei und Nüssen

Zubereitungszeit: ca. 15 Minuten

Zutaten für 1 Person

1 kleiner Kopf Endiviensalat
50 g magerer, roher Schinken
1 hart gekochtes Ei
2–3 schwarze Oliven
1 kleine Zwiebel
1/4 TL Senf
Saft von 1 Zitrone
2 EL Olivenöl
2 EL Kräuter der Saison, gehackt oder 1/2 TL getrocknete Kräuter
1 EL Cashewkerne

1. Den Endiviensalat gut waschen und abtropfen lassen, dann die Blätter ganz oder grob zerrissen in eine Schüssel geben. Den Schinken in ein Zentimeter große Stücke schneiden, das Ei schälen und würfeln.

2. Die Oliven entkernen und längs in feine Streifen schneiden. Die Zwiebel schälen und fein hacken.

3. Den Senf mit dem Zitronensaft verrühren und das Öl dazugeben, dann die Kräuter hineinrühren und das Dressing behutsam mit dem Salat mischen.

4. Die Cashewkerne wahlweise ganz lassen oder grob hacken und zum Schluss über den Salat verteilen.

Rapunzelsalat (s. Abb.)

Zubereitungszeit: ca. 15 Minuten

Zutaten für 1 Person

75 g Feldsalat
1 Tomate
2 dickere Scheiben Salatgurke
1 dickere Scheibe Gouda
5–10 Haselnusskerne
1 EL Aceto balsamico
Salz
Pfeffer, frisch gemahlen
1 EL Olivenöl

1. Den Feldsalat in Einzelblätter reißen. Die Tomate waschen und würfeln. Die Gurke schälen und zusammen mit dem Käse ebenfalls würfeln. Die Haselnusskerne grob hacken und ebenfalls dazugeben.

2. Die Salatzutaten in einer Schüssel mischen. Für das Dressing den Essig mit Salz, Pfeffer und Öl verrühren und über den Salat gießen.

Chicoréesalat mit Mango

Zubereitungszeit: ca. 15 Minuten

Zutaten für 1 Person

1 Chicoréestaude
1/4 Mango oder
60 g Fruchtfleisch aus der Dose
1 EL Apfelessig
1 Prise Cayennepfeffer
1 Prise Salz
2 TL Walnussöl
1 EL Walnüsse, grob gehackt

1. Vom Chicorée die äußeren Blätter entfernen und den bitteren Innenkern herausschneiden, waschen, abtrocknen und in schmale Streifen schneiden.

2. Die Mango in kleine Würfel oder Stücke schneiden und behutsam mit dem Schikoree mischen.

3. Essig, Pfeffer, Salz und Öl verrühren, über den Salat geben und die Walnussstückchen darüber streuen.

Avocadosalat mit Ei und Lachs

Zubereitungszeit: ca. 30 Minuten

Zutaten für 1 Person

1 Ei
1 reife Avocado
Saft von 1/4 Grapefruit oder 1/2 Zitrone
1 EL Sonnenblumenöl
1/2 TL Dijon-Senf
1/4 TL Majoran, gerebelt
1 Prise Cayennepfeffer
1 Prise Rosmarin, gemahlen
Salz
evtl. 1 EL Haselnüsse
50 g Räucherlachs
1 TL Mayonnaise oder Meerrettich, gerieben

Avocados sind reif, wenn sie auf Daumendruck leicht nachgeben. Bewahren Sie die Früchte stets bei Zimmertemperatur auf, denn im Kühlschrank verlieren sie ihr Aroma.

1. Das Ei hart kochen, abschrecken und abkühlen lassen. Die Avocado schälen, entkernen, in ein Zentimeter große Würfel schneiden und mit einem Teil des Grapefruit- oder des Zitronensaftes beträufeln.

2. Das Öl mit dem Senf und den Gewürzen verrühren, den restlichen Fruchtsaft dazugeben und das Dressing mit Salz abschmecken. Dann das Ei schälen, in kleine Stücke schneiden und behutsam mit den Avocadostückchen mischen.

3. Die Haselnüsse nach Belieben verwenden, grob hacken und über den Salat streuen. Den Räucherlachs in feine Streifen schneiden und auf den Salat geben.

4. Zum Schluss über das Ganze das Dressing gießen und den Salat mit der Mayonnaise oder dem Meerrettich garnieren.

Tipp: Bei der Zubereitung von Avocados muss das Fruchtfleisch gleich mit etwas Zitronensaft beträufelt werden, denn sonst verfärbt es sich dunkel.

Gemüsesalat

Zubereitungszeit: ca. 30 Minuten

Zutaten für 1 Person

Menge und Zusammenstellung nach Belieben:
4 Blumenkohlröschen
einige Weißkohlstreifen
einige Wirsingstreifen
3 Rosenkohlröschen
einige Lauchstreifen
1 Ei
1 Tomate
1 Radieschen
einige Blättchen Löwenzahn
Kräuter nach Belieben, frisch gehackt (Petersilie, Schnittlauch, Basilikum, Oregano)
2–3 EL gutes Pflanzenöl
Salz
etwas weißer Pfeffer, frisch gemahlen

1. Das Gemüse in 3/4 Liter kochendem Wasser für 2 bis 3 Minuten blanchieren. Dann mit einer Schöpfkelle herausnehmen und abschrecken.

2. Währenddessen das Ei mittelhart kochen, abschrecken, schälen und längs vierteln. Die Tomate in große Stücke teilen. Das Radieschen hobeln oder klein schneiden.

3. Die Kräuter mit dem Öl mischen. Salzen und pfeffern nach Geschmack. Die erkalteten Gemüse in einer Schale anrichten. Mit dem Radieschen, den Tomaten- und den Eistücken garnieren und das Öl darüber gießen.

Krabbenrührei mit Dill

Zubereitungszeit: ca. 15 Minuten

Zutaten für 1 Person

2 Eier
1 EL süße Sahne
Salz
etwas weißer Pfeffer, frisch gemahlen
Muskatnuss, frisch gerieben
1 Msp. Cayennepfeffer
1 EL Dill, gehackt
1 EL Butter
100 g küchenfertige Krabben

1. Die Eier mit der Sahne kurz durchschlagen und anschließend mit Salz, Pfeffer, Muskatnuss und Cayennepfeffer würzen.

2. Den Dill unter die Eiermischung rühren. Die Butter in einer beschichteten Pfanne erhitzen, die Eiermasse hineingießen und leicht stocken lassen.

3. Die Krabben hinzufügen und die Masse vollends stocken lassen. Dabei immer wieder mit einem Holzlöffel wenden. Das Krabbenrührei in der Pfanne servieren.

Pfannkuchen mit Spinat

Zubereitungszeit: ca. 45 Minuten

Zutaten für 1 Person

40 g Vollkornmehl
2 EL Magerjoghurt
1 Ei
wenig Mineralwasser
Salz
250 g Blattspinat
1/2 Zwiebel
1 TL Butter
Pfeffer, frisch gemahlen
Muskatnuss, frisch gerieben
1 EL saure Sahne
2 TL Edamer, gerieben

1. Aus dem Mehl, dem Joghurt, dem Ei, dem Wasser und etwas Salz einen dicken Pfannkuchenteig rühren und den Pfannkuchen goldgelb backen.

2. Den Spinat in wenig Salzwasser zusammenfallen lassen und abtropfen. Die gehackte Zwiebel in Butter anschwitzen, den Spinat dazugeben, mit Pfeffer und Muskatnuss abschmecken und mit der sauren Sahne verfeinern.

3. Den Pfannkuchen mit dem Spinat füllen, zusammenklappen, mit Käse bestreuen und im heißen Backofen 10 Minuten überbacken.

Pfannkuchen mit Kräutercreme

Zubereitungszeit: ca. 30 Minuten

Zutaten für 1 Person

80–100 g Vollkornmehl
1 Ei
1–2 EL Frühlingszwiebeln oder Schnittlauch, gehackt
2 EL Wasser
1/4 TL Salz
etas Pfeffer, frisch gemahlen
100–150 g Frischkäse
2–3 EL süße Sahne oder Milch
2–3 EL Kräuter, fein gehackt (Sauerampfer, Dill, Kerbel, Kresse)
gutes Pflanzenöl

1. Mehl, Ei und die Frühlingszwiebelringe gut mischen und mit Wasser so weit verdünnen, dass ein halbflüssiger Teig entsteht. Mit Salz und Pfeffer nach Geschmack würzen. Den Frischkäse, die Sahne und die Kräuter gründlich mischen.

2. In heißem Öl aus dem Teig relativ dünne Pfannkuchen backen, mit der Käse-Kräuter-Creme bestreichen und zusammenrollen.

Schollenfilet auf Tomaten

Zubereitungszeit: ca. 15 Minuten

Zutaten für 1 Person

1 große Tomate
Salz
etwas weißer Pfeffer, frisch gemahlen
Rotweinessig
Olivenöl
2 kleine Schollenfilets
einige Basilikumblätter, in Streifen geschnitten
1/2 Zitrone

1. Die Tomate waschen, in dünne Scheiben schneiden, leicht salzen und pfeffern und mit Essig und Olivenöl beträufeln.

2. Die Schollenfilets salzen, mit einem Esslöffel Olivenöl bestreichen und auf dem Grill 2 bis 3 Minuten auf jeder Seite garen.

3. Die Filets in der Tellermitte anrichten und mit den Tomatenscheiben umkränzen. Das Basilikum auf den Schollen verteilen. Mit den Zitronenvierteln garnieren und mit etwas Olivenöl beträufeln.

Seezungenfilet auf Shrimps

Zubereitungszeit: ca. 15 Minuten

Zutaten für 1 Person

1 großes oder 2 kleine Seezungenfilets
Saft von 1/2 Zitrone
Salz
etwas weißer Pfeffer, frisch gemahlen
Kurkumapulver
1/2 EL Butter
50 ml trockener Weißwein
1–2 EL Crème fraîche
50 g Tiefseegarnelen

1. Das Seezungenfilet mit kaltem Wasser kurz abspülen und mit Küchenkrepp abtupfen, mit Zitronensaft beträufeln und leicht mit Pfeffer, Salz und Kurkuma würzen.

2. Das Seezungenfilet in Butter auf jeder Seite 2 bis 3 Minuten braten. Zwischendurch mit einem Löffel etwas Butter auf das Filet gießen.

3. Das Filet warm halten. Den Bratensatz mit dem Wein ablöschen und die Crème fraîche darunter rühren. Die Garnelen im Fond erhitzen, aber nicht kochen. Die Sauce über das Seezungenfilet gießen.

Putenbrust in Thunfischsauce

Zubereitungszeit: ca. 30 Minuten
Ruhezeit: ca. 1 1/2 Stunden

Zutaten für 1 Person

200 g Putenbrust
75 ml trockener Weißwein
75 ml Hühnerbrühe
1 TL schwarze Pfefferkörner
1 Lorbeerblatt
50 g Thunfisch aus der Dose
2–3 EL Mayonnaise
1 TL Crème double
einige Kapern
Salz
etwas Zitronenpfeffer

1. Die Putenbrust kurz unter fließend kaltem Wasser abspülen und in einen Topf legen. Wein und Brühe mit Pfefferkörnern und dem Lorbeerblatt angießen. Eventuell noch etwas Wasser hinzugießen, bis das Fleisch ganz bedeckt ist.

2. Die Brühe langsam aufkochen, dann das Fleisch bei milder Hitze zugedeckt etwa 20 Minuten ziehen lassen. Das Fleisch in der Brühe erkalten lassen.

3. Den abgetropften Thunfisch mit Mayonnaise und Crème double pürieren, mit den Kapern verrühren und die Creme mit Salz und Pfeffer würzig abschmecken.

4. Das Fleisch in hauchdünne Scheiben schneiden und diese jeweils mit etwas Sauce dazwischen in einer breiten Schüssel schichten. Eine gute Stunde ziehen lassen.

Gratinierte Zucchini-Puten-Spieße

Zubereitungszeit: ca. 30 Minuten

Zutaten für 1 Person

150 g Putenbrustfilet
Salz
schwarzer Pfeffer, frisch gemahlen
2 kleine Zucchini
2 EL Olivenöl
100 ml Hühnerbrühe (Instant)
1/2–1 TL scharfer Senf
4–5 EL Emmentaler, gerieben

1. Das Putenbrustfilet kalt abwaschen und mit Küchenkrepp trockentupfen. Das Fleisch in 2 bis 3 Zentimeter große Würfel schneiden und diese mit Salz und Pfeffer würzen.

2. Die Zucchini waschen, putzen und in 2 Zentimeter dicke Scheiben schneiden. Die Zucchinischeiben und die Putenfleischwürfel abwechselnd auf zwei lange Holzspieße stecken.

3. Das Olivenöl in einer Pfanne erhitzen, die Spieße hineinlegen und bei mittlerer bis starker Hitze von allen Seiten goldbraun anbraten. Die Spieße mit Salz und Pfeffer würzen und aus der Pfanne nehmen.

4. Die Hühnerbrühe in die Pfanne gießen und den Senf darunter rühren. Die Spieße wieder in die Pfanne geben, etwa 10 Minuten in der Sauce garen und nach der Hälfte der Zeit wenden.

5. Den Emmentaler über die Spieße streuen. Den Käse bei geschlossenem Deckel in etwa 3 Minuten schmelzen lassen. Die Spieße mit der Sauce auf einen Teller geben.

Tipp: Wenn es schnell gehen soll, toasten Sie zwei Scheiben Brot als Beilage.

Bohnencurry mit Garnelen

Zubereitungszeit: ca. 30 Minuten

Zutaten für 1 Person

250 g grüne Bohnen
Salz
1 Zwiebel
1 EL Öl
2 EL Cashewkerne oder Mandelstifte
100 ml Currysauce
(Fertigprodukt aus der Flasche)
100 g Garnelen, geschält und gekocht

1. Die Bohnen waschen, putzen und nach Belieben kleiner schneiden. Etwas Salzwasser in einem kleinen Topf aufkochen. Die Bohnen hineingeben, zugedeckt 10 bis 15 Minuten bissfest dünsten und danach in ein Sieb gießen und abtropfen lassen.

2. Die Zwiebel schälen und klein würfeln. Das Öl in einer Pfanne erhitzen. Die Cashewkerne oder Mandelstifte hineingeben, unter Rühren goldbraun anbraten, aus der Pfanne nehmen und beiseite stellen.

3. Die Zwiebelwürfel in die Pfanne geben und bei mittlerer Hitze glasig dünsten. Die Bohnen und die Currysauce dazugeben und alles unter Rühren aufkochen lassen. Etwas Wasser dazugießen, wenn die Sauce zu dickflüssig ist.

4. Die Garnelen in einem Sieb mit kaltem Wasser abtropfen und unter das Bohnencurry mischen. Alles gut verrühren, noch einmal kurz erhitzen. Auf einem Teller anrichten und mit den Cashewkernen bestreuen.

Tipp: Zu diesem Gericht passt besonders gut Basmatireis. Bringen Sie 50 Gramm Reis mit einer Tasse gesalzenem Wasser zum Kochen und lassen Sie das Ganze bei niedriger Hitze 15 bis 20 Minuten quellen.

Stellen Sie die Flasche mit der restlichen Currysauce verschlossen in den Kühlschrank. Die Sauce passt gut als exotische Beilage zu Hacksteaks oder Schnitzeln.

Gebratener Gemüsereis mit Edelpilzkäse

Zubereitungszeit: ca. 20 Minuten

Zutaten für 1 Person

50 g gekochter Schinken
1 Zwiebel
1 EL Butter
1 Päckchen TK-Reis-Gemüse-Mischung (300 g, z. B. mit Cashewkernen)
Salz
schwarzer Pfeffer, frisch gemahlen
50 g milder Edelpilzkäse

1. Den gekochten Schinken in kleine Würfel schneiden. Die Zwiebel schälen und ebenfalls klein würfeln.

2. Einen halben Esslöffel Butter in einer Pfanne erhitzen. Den Schinken hineingeben, leicht anbraten, aus der Pfanne nehmen und auf einem Teller beiseite stellen.

3. Die restliche Butter in die Pfanne geben. Die Zwiebelwürfel darin goldgelb anbraten. Die Reis-Gemüse-Mischung dazugeben und bei mittlerer bis starker Hitze unter Rühren 7 bis 10 Minuten braten.

4. Den Schinken zu den restlichen Zutaten in die Pfanne geben, untermischen und alles nach Belieben mit Salz und Pfeffer abschmecken.

5. Den Käse in kleine Stücke schneiden und diese auf die Reis-Gemüse-Mischung geben. Alles bei schwacher Hitze zugedeckt eine bis 2 Minuten garen, bis der Käse geschmolzen ist.

Bauernspätzle

Zubereitungszeit: ca. 20 Minuten

Zutaten für 1 Person

1 EL Butter oder Margarine
25 g durchwachsener, geräucherter Speck
1 Zwiebel
1 kleine Stange Porree
100 g dicke Bohnen (TK-Produkt)
100 g süße Sahne
Salz
Pfeffer, frisch gemahlen
1 Prise Muskatnuss, gerieben
1 Prise Speisewürze
100 g Eierspätzle, gekocht (30 g Rohprodukt)
50 g Emmentaler, gerieben
20 g Limburger, gerieben
einige Halme Schnittlauch

1. Die Butter oder Margarine in einer Pfanne erhitzen und den in kleine Würfel geschnittenen Speck darin braten.

2. Die fein gehackte Zwiebel und den geputzten und in Streifen geschnittenen Porree dazugeben und glasig dünsten.

3. Die gut abgetropften dicken Bohnen dazugeben und ebenfalls kurz mitdünsten.

4. Die Sahne angießen, mit Salz, Pfeffer, Muskatnuss und der Speisewürze kräftig abschmecken und 5 Minuten köcheln lassen.

5. Die Eierspätzle unterziehen, mit Emmentaler und Limburger bestreuen und im Ofen bei 200 °C (Umluft 170 °C, Gas Stufe 3) 5 Minuten überbacken.

6. Die Spätzle mit frisch geschnittenem Schnittlauch bestreut servieren.

Bandnudeln mit Rindfleischstreifen

Zubereitungszeit: ca. 30 Minuten

Zutaten für 1 Person

60 g Rinderfilet
100 g Brokkoli
50 g Champignons
1 Knoblauchzehe
1/2 kleine Schalotte
1 kleines Stück frischer Ingwer
1 EL Öl
Salz
1/2 TL Sojasauce
50 ml Gemüsebrühe
1 Msp. Zucker
100 g Bandnudeln
schwarzer Pfeffer, frisch gemahlen

1. Das Fleisch kalt abspülen, trockentupfen und in sehr dünne, einige Zentimeter lange Streifen schneiden. Den Brokkoli putzen, die Röschen zerteilen und waschen, die dicken Stiele schälen und in Stücke schneiden.

2. Die Pilze waschen, putzen und in dünne Scheiben schneiden. Den Knoblauch und die Schalotte schälen. Die Schalotte fein hacken. Den Ingwer schälen und ebenfalls fein hacken.

3. In einer großen Pfanne das Öl erhitzen, die Schalotte und den Ingwer hineingeben, den Knoblauch durch eine Presse drücken und dazugeben. Eine Prise Salz dazugeben und alles einige Minuten unter Rühren braten. Den Brokkoli hinzufügen und kurz mitbraten.

4. Das Fleisch in die Pfanne geben und braten, bis es von allen Seiten leicht gebräunt ist. Pilze, Sojasauce, Gemüsebrühe und etwas Zucker darunter rühren und alles noch einige Minuten bei schwacher Hitze garen.

5. Inzwischen die Nudeln in reichlich Salzwasser bissfest kochen, abgießen, gut abtropfen lassen und mit dem Pfanneninhalt vermischen. Alles mit Salz und Pfeffer abschmecken.

Tipp: Ingwer ist in vielen Gerichten asiatischer Art ein Muss. Beim Kauf sollten Sie feste, silbrig glänzende Wurzeln auswählen. Ingwerreste bewahren Sie am besten in Frischhaltefolie eingepackt im Kühlschrank auf.

Variation: Statt Rinderfilet können Sie auch Hähnchenbrust ohne Haut nehmen. Den Brokkoli tauschen Sie am besten gegen eine kleine Paprikaschote. Würzen Sie diese Variante noch zusätzlich mit 1/4 Teelöffel Currypulver.

Penne-Brokkoli-Gratin

Zubereitungszeit: ca. 15 Minuten
Backzeit: ca. 20 Minuten

Zutaten für 1 Person

Salz
75 g Penne
300 g Brokkoli
1 EL weiche Butter
1 kleine Dose Thunfisch (ca. 60 g)
250 ml Auflauf- oder Käsesauce (aus dem Glas oder Tetrapack)
2 EL Pinienkerne

1. In einem Topf etwa einen Liter Salzwasser zum Kochen bringen. Die Penne hineingeben und darin nach der Packungsanleitung gerade eben bissfest kochen.

2. Inzwischen den Brokkoli waschen, putzen und in Röschen zerteilen, die Stiele abschneiden, schälen und in mundgerechte Stücke schneiden. Wenig Salzwasser in einem kleinen Topf aufkochen lassen und den Brokkoli darin zugedeckt 4 Minuten dünsten.

3. Dann den Backofen auf 225 °C (Umluft 200 °C, Gas Stufe 4) vorheizen. Eine kleine Auflaufform (etwa 15 Zentimeter lang) mit Butter einfetten.

4. Den Thunfisch, die Nudeln und den Brokkoli jeweils in ein Sieb geben und gut abtropfen lassen. Alles miteinander vermischen und in die vorbereitete Form schichten. Die Sauce auf die Zutaten verteilen und die Pinienkerne darüber streuen.

5. Die Form auf der mittleren Einschubleiste in den Backofen schieben und das Gratin etwa 20 Minuten goldbraun überbacken.

Tipps: Wenn Sie Käsesauce aus der Tüte verwenden, müssen Sie diese entsprechend der Packungsanleitung zubereiten. Danach wie im Rezept beschrieben weiterverwenden.
Sie können den Thunfisch durch 75 Gramm gewürfelten gekochten Schinken oder 60 Gramm gewürfelte Salami ersetzen. Wenn Sie gern vegetarisch essen, tauschen Sie den Fisch gegen 75 Gramm Tofu- oder Schafskäsewürfel aus.

Die länglichen, elfenbeinfarbenen Pinienkerne sind die Samen der Nusskiefer bzw. des Pinienbaumes – ein in der Mittelmeerregion weit verbreiteter Baum mit einer stark ausladenden Krone. Erst etwa 20 Jahre alte Bäume tragen Samen – dies erklärt auch den hohen Preis von Pinienkernen.
Besonders aromatisch schmecken die Kerne, wenn man sie in einer trockenen Pfanne goldgelb röstet oder im Backofen bräunt.

Muschelnudeln mit Kräutern

Zubereitungszeit: ca. 15 Minuten

Zutaten für 1 Person

125 g Muschelnudeln
Salz
1 Knoblauchzehe
1 TL Butter
1 EL Petersilie, gehackt
100 g Frischkäse
4 EL Sahne
1 EL gemischte Kräuter, frisch gehackt (z.B. Basilikum, Salbei, Minze, Estragon)
1 EL Schnittlauchröllchen
schwarzer Pfeffer, frisch gemahlen
1 EL Parmesan, gerieben

1. Die Nudeln nach Packungsanweisung in leicht gesalzenem Wasser bissfest garen.

2. Inzwischen die Knoblauchzehe schälen und durch die Presse drücken. Die Butter in einem Topf erhitzen und den Knoblauch darin anschwitzen.

3. Den Frischkäse zusammen mit der Sahne dazugeben, alles erhitzen und mit einem Schneebesen glattrühren. Die Käsecreme in ein heißes Wasserbad stellen. Die Kräuter unterrühren. Mit Pfeffer und Salz nach Belieben abschmecken.

4. Die Nudeln abgießen, abtropfen lassen und in eine vorgewärmte Schüssel füllen. Die Sauce darüber verteilen und das Gericht mit Parmesan bestreuen.

Tipp: Parmesan schmeckt viel intensiver und aromatischer, wenn Sie ihn nicht gerieben, sondern am Stück kaufen und dann bei Bedarf portionsweise selbst reiben.

Überbackene Kräutergnocchi

Zubereitungszeit: ca. 20 Minuten

Zutaten für 1 Person

Salz
300 g Gnocchi (z. B. aus der Kühltheke)
3 getrocknete Tomaten, in Öl eingelegt
1 EL Butter
2 EL Pinienkerne
1/2 Päckchen TK-Kräuter (z. B. Basilikum oder eine Kräutermischung)
schwarzer Pfeffer, frisch gemahlen
2 EL Käse, gerieben (z. B. Emmentaler)

1. Etwa 3 Liter Salzwasser in einem Topf aufkochen lassen. Die Gnocchi hineingeben, garen bis sie oben schwimmen, dann in ein Sieb gießen und gut abtropfen lassen.

2. Die Tomaten in dünne Streifen schneiden. Die Butter in einer Pfanne aufschäumen lassen. Die Pinienkerne hineingeben und goldgelb anrösten, dann schmecken sie aromatisch.

3. Tomaten, Gnocchi und Kräuter dazugeben. Alles mit Pfeffer und Salz würzen und bei mittlerer Hitze etwa 5 Minuten braten, dabei zwischendurch vorsichtig wenden.

4. Den Käse über die Gnocchi streuen. Die Pfanne zudecken und den Käse etwa 2 Minuten schmelzen lassen. Die Gnocchi danach sofort servieren.

Tipp: Wenn Sie das Gericht etwas würziger zubereiten wollen, geben Sie zusätzlich 50 Gramm klein geschnittenen Räucherspeck oder Kochschinken dazu. Braten Sie diesen zuerst in der Butter an und fügen Sie anschließend die anderen Zutaten hinzu.

Frische Gnocchi gibt es häufig auch lose zu kaufen, vor allem in italienischen Feinkostgeschäften mit einer Auswahl an frischer Pasta. In praktisch jedem größeren Supermarkt können Sie aber auch in Beutel eingeschweißte Gnocchi im Kühlregal finden.

Fettuccine mit Nüssen

Zubereitungszeit: ca. 30 Minuten

Zutaten für 1 Person

100 g Fettuccine
Salz
2 EL Walnusskerne
2 EL Pinienkerne
1/2 Knoblauchzehe
1 EL Olivenöl
1 EL Parmesan, gerieben
etwas weißer Pfeffer, frisch gemahlen

1. Die Fettuccine in leicht gesalzenem Wasser bissfest garen. Etwas Nudelwasser aufheben.

2. Inzwischen die Walnusskerne zusammen mit den Pinienkernen auf einem Backblech im Backofen goldgelb rösten. Danach im Mixer zerkleinern.

3. Die Knoblauchzehe schälen und durch die Presse drücken. Das Olivenöl in einem Topf erhitzen. Nüsse und Pinienkerne darin anbraten.

4. Nach 5 Minuten den Parmesan hinzufügen. Ein wenig von dem Nudelwasser dazugeben, salzen und den Knoblauch unterrühren.

5. Die Nudeln auf ein Sieb abgießen, abtropfen lassen, in eine Schüssel füllen und die Sauce darübergeben. Das Gericht mit frisch gemahlenem Pfeffer bestreuen.

Spargeltortilla

Abbildung auf dem Umschlag vorne

Zubereitungszeit: ca. 50 Minuten

Zutaten für 1 Person

3 Stangen weißer Spargel
3 Stangen grüner Spargel
3 Eier
50 g Sahne
frisch geriebene Muskatnuss
Salz, Pfeffer
50 g frisch geriebener Emmentaler
1 kleineZwiebel
75 g Bacon (in Scheiben)
1 EL Pflanzenöl

1. Den Backofen auf 180 °C (Umluft 160 °C) vorheizen. Eine Auflaufform fetten. Den Spargel schälen und putzen, die holzigen Enden abschneiden. Die Spargelstangen klein schneiden, in die Form geben und ca. 15 Minuten garen.

2. Die Eier mit der Sahne verquirlen. Mit Muskatnuss, Pfeffer und Salz würzen. Käse unterrühren.

3. Die Zwiebel schälen und fein würfeln. Den Speck in dünne Streifen schneiden. Das Öl in einer Pfanne erhitzen, Speck und Zwiebel darin anbraten. Etwas abkühlen lassen dann zur Eiermasse geben. Die Masse über den Spargel in die Form gießen und weitere 15–20 Minuten im Ofen goldbraun backen.

Bandnudeln mit Lachs

Zubereitungszeit: ca. 1 1/2 Stunden

Zutaten für 1 Person

100 g Bandnudeln
Salz
50 g Lachsfilet
50 g Mozzarella
1 EL Olivenöl
1 Tomate, entkernt und gewürfelt
einige in Streifen geschnittene Basilikumblätter
etwas weißer Pfeffer, frisch gemahlen
1 EL Crème fraîche

1. Die Bandnudeln in Salzwasser bissfest kochen und auf einem Sieb gut abtropfen lassen.

2. Den Backofen auf 250 °C (Umluft 230 °C, Gas Stufe 5) vorheizen. Das Lachsfilet und den Mozzarella in Würfel schneiden. Beides mit dem Öl, der Tomate und dem Basilikum unter die heißen Nudeln mischen und mit Salz und Pfeffer würzen.

3. Die Masse in eine Auflaufform füllen, mit der Crème fraîche überziehen und im Backofen etwa 1 1/2 Stunden überbacken.

Spaghetti mit Basilikum

Zubereitungszeit: ca. 15 Minuten

Zutaten für 1 Person

100 g Spaghetti
Salz
1 EL Pinienkerne
einige Blätter Basilikum
1 kleine Knoblauchzehe
1 EL Olivenöl
Pfeffer, frisch gemahlen

1. Die Spaghetti in ausreichend Salzwasser bissfest kochen und anschließend in einem Sieb abtropfen lassen.

2. Während die Nudeln kochen, die Pinienkerne in einer Pfanne ohne Fett rösten. Das Basilikum waschen, trockentupfen und fein schneiden.

3. Die Knoblauchzehe schälen und fein hacken. Das Olivenöl in einer Pfanne heiß werden lassen und den Knoblauch kurz darin anbraten. Die Spaghetti dazugeben, im Knoblauchöl schwenken, mit Salz und Pfeffer würzen.

4. Zum Schluss die Pinienkerne und das Basilikum darüber streuen.

Rumpsteak mit Zitrusfrüchten

Zubereitungszeit: ca. 30 Minuten

Zutaten für 1 Person

1 kleine Orange
1 kleine Grapefruit
1 Rumpsteak (ca. 150 g)
schwarzer Pfeffer, frisch gemahlen
1 EL Öl
Salz
1/2 TL Speisestärke
2 EL Crème fraîche
1 TL grüne Pfefferkörner (in Salzlake)
einige Zweige Zitronenmelisse

1. Die Orange und die Grapefruit sorgfältig schälen und dabei die weiße Haut vollständig entfernen. Die Filets der Früchte zwischen den Trennhäutchen herausschneiden. Den Fruchtsaft in eine kleine Schüssel abtropfen lassen.

2. Das Rumpsteak kalt abwaschen, trockentupfen und rundherum mit Pfeffer einreiben. Das Öl in einer Pfanne erhitzen. Das Fleisch darin von beiden Seiten scharf anbraten, salzen und bei mittlerer Hitze von jeder Seite je nach Geschmack eine bis 3 Minuten braten. Das Steak aus der Pfanne nehmen und zugedeckt warm halten.

3. Den Fruchtsaft in der Schüssel mit der Speisestärke verquirlen und in die Pfanne geben. Aufkochen und dabei den Bratensatz vom Boden lösen. Die Crème fraîche und die Pfefferkörner hinzufügen, alles einmal aufkochen und die Sauce anschließend eine bis 2 Minuten köcheln lassen.

4. Die Zitronenmelisse waschen, trockentupfen und die Blätter von den Stielen zupfen. Die Blätter hacken, unter die Sauce rühren und diese mit Salz und Pfeffer abschmecken. Die Fruchtfilets darin erwärmen und alles anrichten.

Tipp: Gehen Sie beim Filetieren der Zitrusfrüchte sorgfältig vor. Nicht nur die farbige Schale, sondern auch die weiße Haut soll dabei komplett entfernt werden, denn diese schmeckt bitter.

Schweinesteak mit Pistazienfüllung

Zubereitungszeit: ca. 30 Minuten

Zutaten für 1 Person

8–10 ungesalzene Pistazienkerne
1 kleine Knoblauchzehe
1/4 TL Majoran, gerebelt
1/2 TL Butter
1 Schweinesteak
1/4 TL Honig
etwas weißer Pfeffer, frisch gemahlen
etwas Rosenpaprikapulver
Salz
1 EL Öl
2 Tomaten
grober schwarzer Pfeffer

1. Die Pistazien längs halbieren, den Knoblauch mit einer Gabel zerdrücken. Pistazien, Knoblauch und Majoran in Butter kurz anbraten.

2. In das Schweinesteak mit einem spitzen Messer eine 4 bis 5 Zentimeter lange Tasche einschneiden und das Innere mit Honig ausstreichen. Dann innen und außen mit etwas Pfeffer, Rosenpaprika und wenig Salz würzen. Nun das Pistaziengemisch in das Schweinesteak füllen.

3. Das Steak in Öl zunächst von beiden Seiten scharf anbraten, dann die Temperatur vermindern und das Fleisch einige Minuten weiterbraten, bis es gar ist.

4. Inzwischen die Tomaten in dünne Scheiben schneiden. Sobald das Steak fertig ist, die Scheiben in den Bratenfond legen, von beiden Seiten ganz kurz dünsten und zusammen mit dem Steak anrichten.

Tacos mit Putenfleisch

Cayennepfeffer wird auch spanischer Pfeffer genannt. Er wird aus den Früchten von Vogelaugenchilis gewonnen, die mit der Paprika verwandt sind. Cayennepfeffer ist etwa 20-mal so scharf wie Paprikapulver. Wenn Sie also keinen Cayennepfeffer zur Hand haben, können Sie anstelle des Cayennepfeffers auch etwas Paprikapulver verwenden.

Zubereitungszeit: ca. 30 Minuten

Zutaten für 1 Person

1 Tomate
1/2 Zwiebel
1 Blatt Eisbergsalat
1 kleine Knoblauchzehe
50 g Maiskörner (aus der Dose)
80 g Putenschnitzel
Salz
schwarzer Pfeffer, frisch gemahlen
1 Msp. Cayennepfeffer
1 EL Öl
2 Tacoschalen (Fertigprodukt)
1 EL Tacosauce (Fertigprodukt)
2 EL saure Sahne
4 EL Gouda, frisch gerieben

1. Die Tomate über Kreuz einritzen, kurz überbrühen, abschrecken und enthäuten; vom Stielansatz befreien, entkernen und würfeln. Die Zwiebel schälen und fein hacken. Das Salatblatt waschen, trockentupfen und in Streifen schneiden.

2. Den Knoblauch schälen und hacken. Die Maiskörner in ein Sieb geben und abtropfen lassen.

3. Das Fleisch waschen, trockentupfen, in dünne Streifen schneiden und mit Salz, Pfeffer und Cayennepfeffer würzen. Den Ofen auf 200 °C (Umluft 170 °C, Gas Stufe 3) vorheizen.

4. Das Öl in einer Pfanne erhitzen. Die Knoblauch- und Zwiebelwürfel darin kurz anbraten. Die Putenstreifen hinzufügen, von allen Seiten anbraten und herausnehmen.

5. Die Tacoschalen auf ein Backblech legen, etwa 4 Minuten im Ofen erwärmen, herausnehmen und mit dem angebratenen Gemüse, den Salatstreifen, Tomatenwürfeln, Maiskörnern und dem Fleisch belegen.

6. Die Putenfüllung zuerst mit der Tacosauce und dann mit der sauren Sahne überziehen. Den Käse darüber streuen und die gefüllten Tacos sofort servieren.

Variationen: Sie können statt Putenschnitzel Rinderfilet und statt Mais Kidneybohnen verwenden.
Die Tacos können Sie auch vegetarisch füllen. Verdoppeln Sie dafür die Maismenge und schneiden Sie eine grüne Paprikaschote in Streifen, die Sie mit dem Mais andünsten.

Hackfleischtopf (s. Abb.)

Zubereitungszeit: ca. 15 Minuten

Zutaten für 1 Person

25 g durchwachsener, geräucherter Speck
1 TL Öl
100 g Rinderhack
1 Knoblauchzehe
Salz
1 kleine Zwiebel
50 g Erbsen und Karotten (TK-Produkt)
1 TL Tomatenmark
1/8 l Fleischbrühe
1 Msp. Bohnenkraut
1 Msp. Majoran
1 Prise Muskatnuss, gerieben
1/2 kleine Dose weiße Bohnen
Pfeffer, frisch gemahlen
1 TL Obstessig
1 Msp. Zucker
1 EL Schnittlauch, gehackt

1. Den Speck würfeln und in Öl ausbraten. Das Rinderhack dazugeben und kräftig anbraten.

2. Die Knoblauchzehe mit Salz zerreiben, die Zwiebel fein hacken, mit dem Gemüse zum Fleisch geben und 5 Minuten mitbraten.

3. Das Tomatenmark unterrühren und die Fleischbrühe angießen. Den Hackfleischtopf mit Bohnenkraut, Majoran, Muskatnuss würzen, die Bohnen unterziehen und mit Salz, Pfeffer, Essig sowie Zucker abschmecken. Die Mischung zugedeckt bei mittlerer Hitze etwa 5 Minuten köcheln lassen und anschließend den Schnittlauch unterrühren.

Bohnen-Mais-Hack

Zubereitungszeit: ca. 15 Minuten

Zutaten für 1 Person

1 Zwiebel
1 TL gutes Pflanzenöl
125 g Rinderhackfleisch
Salz
Pfeffer, frisch gemahlen
Paprikapulver
Thymian, gezupft
80 g grüne Bohnen (TK-Produkt)
3 EL Mais (Dose oder TK-Produkt)
125 g Tomaten, püriert
Tabasco

1. Die Zwiebel würfeln und in Öl glasig dünsten.

2. Das Hackfleisch zufügen und krümelig braten. Mit Salz, Pfeffer und Paprikapulver würzen.

3. Den Thymian, die Bohnen, den Mais und das Tomatenpüree unterheben und alles kräftig durchschmoren lassen. Nochmals mit Salz, Pfeffer, Paprika und Tabasco abschmecken.

Kefirdrink

Zubereitungszeit: ca. 15 Minuten

Zutaten für 1 Drink

75 g rote Johannisbeeren
1 gehäufter TL Zucker
1 EL Weinbrand
125 g Magerkefir

Die Johannisbeeren mit dem Zucker und dem Weinbrand im Mixer pürieren. Den Kefir dazugießen und alles gründlich durchmixen.

Power-Früchte-Shake

Zubereitungszeit: ca. 10 Minuten

Zutaten für 1 Drink

1/2 Banane
50 g Waldbeeren
1/2 Pfirsich
50 ml Birnensaft
50 g kalter Kefir, 1,5 % Fett
Mineralwasser
Kakaopulver, nach Belieben

1. Die Banane schälen und die Hälfte davon in Scheiben schneiden. Die Waldbeeren waschen und verlesen. Den Pfirsich schälen, halbieren und den Stein entfernen. Das Fruchtfleisch in kleine Stücke schneiden. Für die Garnierung ein paar Fruchtstückchen beiseite legen.

2. Das restliche Fruchtfleisch mit dem Birnensaft und dem Kefir im Mixer pürieren. Ist der Drink zu dickflüssig, etwas Mineralwasser unterrühren und erneut pürieren.

3. Den Drink in ein hohes Glas füllen und nach Belieben mit Kakaopulver bestäuben. Auf jedes Glas ein Cocktailspießchen mit den Fruchtstückchen legen.

Tipp: Je nach Jahreszeit können Sie den Shake auch mit anderen Früchten zubereiten. Im Sommer bieten sich Erdbeeren und Himbeeren an, im Herbst Brombeeren. In der kalten Jahreszeit sind TK-Früchte praktisch. Entnehmen Sie der Packung nur so viel Obst, wie Sie benötigen. Mit dem Rest können Sie zu einem späteren Zeitpunkt weitere Shakes zubereiten.

Bananenmilch

Zubereitungszeit: ca. 15 Minuten

Zutaten für 1 Drink

1 kleine Banane
1 EL Eierlikör
1 TL Zucker
1 Msp. abgeriebene Schale einer unbehandelten Zitrone
$^1/_8$ l sehr kalte Vollmilch

Die Banane schälen, zerdrücken und mit den übrigen Zutaten verquirlen.

Tiramisu (s. Abb.)

Zubereitungszeit: ca. 15 Minuten
Kühlzeit: ca. 2 Stunden

Zutaten für 1 Person

1 Eigelb
2 EL Puderzucker
1 EL Kaffeelikör
125 g Mascarpone
6 Löffelbiskuits
2 EL Espresso
1 EL Puderzucker
1 TL Kakaopulver

1. Das Eigelb mit dem Puderzucker und dem Kaffeelikör schaumig rühren. Anschließend den Mascarpone unterziehen.

2. Eine Tasse sehr starken Espresso zubereiten. Die Löffelbiskuits damit beträufeln und abwechselnd mit der Mascarponecreme in eine Dessertschale schichten. Die erste und letzte Schicht sollte jeweils Creme sein.

3. Das Tiramisu mindestens 2 Stunden kühl stellen und vor dem Servieren mit dem Puderzucker und dem Kakao überstäuben.

Quarkcreme mit Früchten

Zubereitungszeit: ca. 15 Minuten

Zutaten für 1 Person

150 g Speisequark
3 EL süße Sahne
1 kleine Banane
Saft von 1/2 Zitrone
1 reifer Pfirsich
1/4 TL gehackte oder 1 Msp. getrocknete Pfefferminze (z. B. aus dem Teebeutel)
2 TL Honig

1. Den Quark mit der Sahne verrühren. Die Banane schälen, mit einer Gabel auf einem Teller oder im Mixer pürieren und mit dem Zitronensaft verrühren. Den Pfirsich halbieren, schälen und den Stein entfernen. Die eine Pfirsichhälfte in kleine Würfel, die andere in Spalten schneiden.

2. Die Banane mit den Pfirsichwürfeln, der Pfefferminze und dem Honig zur Quark-Sahne-Creme geben, alles gut verrühren und auf einem Dessertteller anrichten.

3. Die Pfirsichspalten als Ring um die Quarkspeise legen.

Apfelschnee mit Rosinen

Zubereitungszeit: ca. 20 Minuten
Kühlzeit: 40 bis 50 Minuten

Zutaten für 1 Person

1 kleiner Apfel
1 EL Zitronensaft
1 EL Aprikosenmarmelade
1 EL Rosinen
1 Eiweiß
1/2 TL Schokoladenraspel

1. Den Apfel schälen, entkernen und in Würfel schneiden. Zusammen mit dem Zitronensaft, der Marmelade und den Rosinen in einen kleinen Topf geben und bei geschlossenem Deckel bei mittlerer Hitze einige Minuten weich kochen. Eventuell etwas Wasser hinzugeben, damit nichts anbrennt.

2. Die Mischung mit einer Gabel zerdrücken und mit einem Schneebesen verrühren, bis sie glatt ist. Das Püree anschließend 40 bis 50 Minuten zugedeckt kalt stellen.

3. Das Eiweiß zu steifem Schnee schlagen und vorsichtig löffelweise unter die Apfelmasse ziehen. Das Dessert in ein hübsches Glas füllen und zum Schluss mit den Schokoraspeln bestreuen.

Schuckmann-Crêpes

Zubereitungszeit: ca. 25 Minuten

Zutaten für 1 Person

1 EL Butter
60 g Weizenmehl
1 Prise Safran
1 Msp. Ingwer, gemahlen
1/2 TL brauner Zucker
1 Prise Salz
1 Ei
150 ml Milch
Butter zum Ausbacken
etwas Honig, Marmelade oder Apfelmus zum Bestreichen
1 TL Puderzucker

1. Einen Esslöffel Butter schmelzen und dann leicht abkühlen lassen.

2. Inzwischen das Mehl in eine Schüssel sieben und Safran, Ingwer, braunen Zucker und etwas Salz darunter mischen.

3. Dann das Ei dazugeben und unter ständigem Rühren nach und nach die Milch dazugießen, bis der Teig eine leicht dickflüssige Konsistenz hat. Zum Schluss die zerlassene Butter darunter rühren.

4. Eine Pfanne (vorzugsweise aus Gusseisen oder eine spezielle Crêpepfanne) bei mittlerer Temperatur erhitzen und mit einem Backpinsel etwas weiche Butter auf dem Boden verstreichen.

5. Nun mit einer Schöpfkelle so viel Teig in die Pfanne geben, dass der Boden dünn, aber vollständig bedeckt ist, und die Crêpe backen. Wenn sie sich am Pfannenrand abzuheben beginnt, vorsichtig wenden (geübte Köche und Köchinnen machen dies mit der Hand) und von der anderen Seite noch 10 bis 15 Sekunden weiterbacken. Auf die gleiche Weise aus dem Teig weitere Crêpes backen.

6. Die fertigen Crêpes auf einem vorgewärmten Teller stapeln. Dann nach Geschmack mit Honig, Marmelade oder Apfelmus bestreichen und zusammenrollen.

aus Resten

Im kleinen Ein-Personen-Haushalt ist es oft gar nicht so leicht, die richtigen Mengen an Zutaten für eine Mahlzeit einzuschätzen, und da bleibt hier und da schon einmal etwas übrig. Kein Problem! In diesem Kapitel finden Sie eine bunte Auswahl an schmackhaften Gerichten, für die Reste, beispielsweise von Reis, Nudeln, Gemüse und Fleisch, einfach und unkompliziert verwendet werden können. Für diejenigen, die gezielt für den nächsten Tag mitplanen möchten, ohne gleich zweimal hintereinander dasselbe essen zu müssen, wird hier ebenfalls gesorgt. Ob spontane oder geplante Resteverwertung – mithilfe der folgenden Rezepte sparen Sie Geld und Zeit und müssen dennoch auf ein genussreiches Mahl nicht verzichten.

Nudeln alla Puttanesca (s. Abb. S. 44/45)

Im Originalrezept werden Spaghetti verwendet, aber das Gericht schmeckt genauso gut mit Bandnudeln, Spiralen oder Schmetterlingen. Soll die Sauce etwas flüssiger sein, zusätzlich Tomatensaft und/oder Sahne verwenden.

Zubereitungszeit: ca. 30 Minuten

Zutaten für 1 Person

einige Zweige Petersilie
50 g schwarze Oliven
1 eingelegte Sardelle
1 Fleischtomate
1 kleine Knoblauchzehe
2 EL Olivenöl
125 g gekochte Nudeln (entspricht etwa 50 g ungekochten Nudeln)
1 TL Kapern
schwarzer Pfeffer, grob gemahlen
Salz

1. Die Petersilie waschen, trockentupfen, von den Stielen zupfen und fein hacken. Die Oliven entsteinen und in Streifen schneiden. Die Sardelle waschen, mit Küchenkrepp trockentupfen und klein schneiden.

2. Die Tomate kreuzweise einritzen, kurz überbrühen, abschrecken, enthäuten, entkernen und in $^1/_2$ Zentimeter große Würfel schneiden. Die Knoblauchzehe schälen und fein würfeln.

3. In einer großen Pfanne einen Esslöffel Olivenöl erhitzen und darin den Knoblauch bei geringer Hitze etwa 2 Minuten braten. Die Nudeln hinzufügen und unter Rühren erwärmen.

4. Tomaten, Petersilie, Sardellen, Oliven und Kapern unterheben. Alles mit dem restlichen Olivenöl beträufeln und mit Pfeffer und Salz abschmecken.

Pikanter Nudelsalat

Zubereitungszeit: ca. 30 Minuten
Marinierzeit: ca. 1 Stunde

Zutaten für 1 Person

1 kleine Essiggurke
1 kleine Zwiebel
1 kleine Fleischtomate
75 g Fleischwurst
einige Zweige Petersilie
125 g gekochte Nudeln (entspricht etwa 50 g ungekochten Nudeln)
2 EL Mayonnaise
1 EL Essiggurkensaft
Salz
schwarzer Pfeffer, frisch gemahlen
1 kleine Prise Paprikapulver, rosenscharf

1. Die Gurke in kleine Würfel schneiden. Die Zwiebel schälen und fein würfeln. Die Tomate enthäuten, entkernen und in Streifen schneiden.

2. Die Fleischwurst in Scheibchen schneiden. Die Petersilie waschen, trockentupfen, von den Stielen zupfen und bis auf einige Blättchen für die Garnierung fein hacken. In einer Schüssel die vorbereiteten Zutaten mit den Nudeln locker vermengen.

3. Die Mayonnaise mit Essiggurkensaft, Salz, Pfeffer und Paprikapulver verrühren, unter den Salat mischen. und mit Frischhaltefolie bedecken. Eine Stunde im Kühlschrank durchziehen lassen. Dann in Teller geben und mit den Petersilieblättchen garnieren.

Zwiebel-Käse-Nudeln

Zubereitungszeit: ca. 30 Minuten

Zutaten für 1 Person

1 kleine Zwiebel
etwas Butter für die Form
einige Zweige Petersilie
125 g gekochte Nudeln (entspricht etwa 50 g ungekochten Nudeln)
Salz
schwarzer Pfeffer, frisch gemahlen
50 g Sahne
50 g Käsereste, gerieben
1 EL Pflanzenöl

1. Die Zwiebel schälen, halbieren und in dünne Streifen schneiden. Den Backofen auf 200 °C (Umluft 170 °C; Gas Stufe 3) vorheizen und eine Auflaufform mit Butter einfetten.

2. Die Petersilie waschen, trockentupfen, von den Stielen zupfen, fein hacken und mit den Nudeln vermengen. Alles salzen und pfeffern und in der Auflaufform verteilen.

3. Die Sahne mit dem Käse vermischen und über die Nudeln verteilen. Den Auflauf auf der mittleren Schiene im Ofen etwa 20 Minuten backen.

4. Das Pflanzenöl in einer Pfanne erhitzen und darin die Zwiebelstreifen etwa 10 Minuten braten. Die Käsenudeln mit den Zwiebelstreifen belegen. Sofort servieren.

Reste-Tipp: Bandnudeln, Makkaroni oder Farfalle sind nur einige Nudelsorten, die Sie für dieses Gericht verwenden können. Zum Überbacken eignet sich Emmentaler oder Edamer.

Überbackener Kabeljau mit Lauchnudeln

Zubereitungszeit: ca. 30 Minuten

Zutaten für 1 Person

150 g Kabeljaufilet
1 EL Zitronensaft
Salz
etwas weißer Pfeffer, frisch gemahlen
1 zarte Lauchstange
1 EL Butter
60 g schmale Bandnudeln
1 Tomate
2 EL Emmentaler, gerieben

1. Das Kabeljaufilet kalt abwaschen und mit Küchenkrepp trockentupfen. Den Fisch rundum mit Zitronensaft beträufeln, salzen, pfeffern und zugedeckt kühl stellen.

2. Den Lauch putzen, längs aufschlitzen, gut waschen und trockenschütteln. Die Stange in gut 10 Zentimeter lange Stücke teilen und diese dann längs in schmale Streifen schneiden.

3. Die Butter in einer Pfanne erhitzen. Den Fisch darin von beiden Seiten insgesamt etwa 6 Minuten bei mittlerer Hitze braten.

4. Inzwischen die Nudeln in reichlich Salzwasser bissfest kochen.

5. Die Tomate waschen, den Stielansatz entfernen und in Scheiben schneiden. Diese auf das Fischfilet legen, mit Salz und Pfeffer würzen und mit dem Emmentaler bestreuen. Den Fisch zugedeckt etwa 3 Minuten backen, bis der Käse zerlaufen ist.

6. Die Lauchstreifen eine Minute vor Ende der Garzeit der Nudeln in den Topf geben und zusammen fertig garen. Die Lauchnudeln in ein großes Sieb abgießen, gut abtropfen lassen (gegebenenfalls die halbe Portion für das Zweitrezept auf der rechten Seite kühl stellen) und mit dem überbackenen Kabeljau anrichten.

Gebratene Schinkennudeln

Zweitrezept

Zubereitungszeit: ca. 20 Minuten

Zutaten für 1 Person

100 g gekochter Schinken (1 dicke Scheibe)
1 Zwiebel
1 EL Butter
Nudeln und Lauch vom Vortag (siehe Rezept links)
50 g Edelpilzkäse (z. B. Gorgonzola oder Bavaria Blue)
schwarzer Pfeffer, frisch gemahlen

1. Den Schinken in Würfel schneiden. Die Zwiebel schälen und fein würfeln. Die Butter in einer Pfanne erhitzen, die Zwiebelwürfel darin goldbraun braten. Den gekochten Schinken dazugeben und kurz mit anbraten, im Anschluss daran die Lauchnudeln vom Vortag hinzufügen.

2. Alles gründlich vermischen und noch etwa 3 Minuten bei mittlerer Hitze braten.

3. Zuletzt den gewürfelten Käse dazugeben und alles mit Pfeffer bestreuen. Der Käse soll durch die Hitze der Nudeln ein wenig zerlaufen.

Tipp: Wenn Sie eine Pfanne mit passendem Deckel haben, decken Sie die Pfanne nach Zugabe des Käses zu. Nach etwa einer Minute ist der Käse gleichmäßig zerlaufen.

Bunter Fleischsalat

Zubereitungszeit: ca. 30 Minuten

Zutaten für 1 Person

75 g Bratenreste (gut geeignet: Schweine- und Rinderbraten)
1 kleine Zwiebel
je 1 kleine gelbe und rote Paprikaschote
einige Halme Schnittlauch
50 g Schnittkäse (z. B. Gouda)
2 EL Pflanzenöl
1 EL Weinessig
Salz
schwarzer Pfeffer, frisch gemahlen
1 kleine Prise Zucker
1 EL Wasser
2 Blätter Romanasalat
einige blaue oder helle Weintrauben

1. Die Bratenreste in feine Streifen schneiden. Die Zwiebel schälen, halbieren und in Streifen schneiden. Die Paprikaschoten waschen, entkernen und ebenfalls in Streifen schneiden.

2. Den Schnittlauch waschen und trockentupfen. Den Schnittkäse in schmale Streifen schneiden.

3. Aus Pflanzenöl, Weinessig, Salz, Pfeffer, Zucker und dem Wasser eine Marinade rühren. Die Marinade mit den vorbereiteten Salatzutaten in einer Schüssel locker vermengen.

4. Die Salatblätter waschen, trockenschleudern und auf einem Teller anrichten. Den Salat darauf verteilen. Die Trauben entstielen, waschen, halbieren und entkernen. Den Salat mit den Trauben garnieren.

Sie können diesen Salat beliebig variieren. Als Beilage passt Kräuter- oder Knoblauchbaguette aus dem Tiefkühlfach sehr gut.

Gemüseeintopf mit Fleischstreifen

Zubereitungszeit: ca. 30 Minuten

Zutaten für 1 Person

75 g Bratenreste (gut geeignet: Schweine- oder Rinderbraten)
einige Halme Schnittlauch
$^1/_2$ l Fleischbrühe (Instant)
75 g TK-Mischgemüse (Bohnen, Erbsen und Karotten)
1 kleine Zwiebel
je 1 EL Pflanzenöl und Butter

1. Die Bratenreste in Streifen schneiden. Den Schnittlauch waschen und in Röllchen schneiden.

2. Die Brühe aufkochen und die Fleischstreifen sowie das Mischgemüse einrühren. Alles bei mittlerer Hitze etwa 10 Minuten garen.

3. Inzwischen die Zwiebel schälen, halbieren und in dünne Streifen schneiden. In einer Pfanne das Öl und die Butter erhitzen und die Zwiebelstreifen darin unter häufigem Rühren goldbraun rösten.

4. Den Eintopf in eine vorgewärmte Suppenschale geben und mit Röstzwiebeln und Schnittlauch garnieren.

Reste-Tipp: Diesen Eintopf können Sie jederzeit beliebig ergänzen und variieren. Sie können zum Beispiel Pfannkuchen backen, diese in Streifen schneiden und als zusätzliche Einlage verwenden. Oder aber Sie nehmen statt TK-Gemüse frisches Gemüse wie Karotten, Zucchini, Bohnen und Lauch.

Gebratene Hähnchenschenkel mit Karottengemüse

Zubereitungszeit: ca. 40 Minuten

Zutaten für 1 Person

2 Hähnchenschenkel
(doppelte Menge für das Zweitrezept)
Salz
schwarzer Pfeffer, frisch gemahlen
2 EL Öl (+ 1 EL für das Zweitrezept)
1 TL getrockneter Thymian
(+ 1 TL für das Zweitrezept)
250 g Karotten
1 TL Butter
1 TL Honig
3 EL Wasser

1. Die Hähnchenschenkel kalt abwaschen, mit Küchenkrepp trockentupfen und rundum mit Salz und Pfeffer einreiben.

2. Das Öl in einer Pfanne erhitzen und die Hähnchenschenkel darin scharf anbraten. Das Fleisch mit dem Thymian würzen, noch 20 Minuten braten, zwischendurch mehrmals wenden. Gegebenenfalls die zwei Schenkel für das Zweitrezept nach dem Braten herausnehmen und kühl stellen.

3. Inzwischen die Karotten waschen, putzen, schälen und in dünne Stifte schneiden.

4. Die Butter in einem Topf erhitzen. Den Honig unterrühren und die Karotten dazugeben. Das Wasser angießen, mit Salz und Pfeffer würzen und zugedeckt etwa 10 Minuten bei schwacher Hitze dünsten. Dabei den Topf mehrmals kräftig schütteln oder schwenken.

5. Das Gemüse abschmecken und zusammen mit den Hähnchenschenkeln auf einen Teller geben.

Hähnchensalat

Zweitrezept

Zubereitungszeit: ca. 30 Minuten

Zutaten für 1 Person

Hähnchenfleisch vom Vortag
(siehe Rezept links)
50 g kleine Nudeln (z. B. Hörnchen)
Salz
100 g Erbsen (TK-Ware oder aus der Dose)
100 g Joghurt
1–2 EL Salatmayonnaise
schwarzer Pfeffer, frisch gemahlen
3–4 EL Schnittlauchröllchen
2–3 EL Petersilie
1 kleiner Apfel
1 EL Zitronensaft

1. Das Hähnchenfleisch vom Vortag aus dem Kühlschrank nehmen. Die Haut von den Schenkeln entfernen, das Fleisch von den Knochen lösen und dann fein würfeln.

2. Die Nudeln in reichlich Salzwasser bissfest kochen, in ein Sieb gießen und mit kaltem Wasser abspülen, damit sie nicht weitergaren. Das Hähnchenfleisch und die Nudeln mit den Erbsen mischen.

3. Für die Sauce den Joghurt mit Salatmayonnaise, Salz, Pfeffer, Schnittlauchröllchen und Petersilie anrühren.

4. Die Sauce über die Salatzutaten geben und alles gründlich vermischen. Den Apfel schälen, das Kerngehäuse herausschneiden, klein würfeln, mit Zitronensaft beträufeln und unter den Salat mischen. Er sorgt für einen frischen Geschmack.

Kartoffelsuppe mit Lachs

Zubereitungszeit: ca. 30 Minuten

Zutaten für 1 Person

150 g mehlig kochende Kartoffeln
(+ 100 g für das Zweitrezept)
1/4 l Gemüse- oder Hühnerbrühe (Instant)
(+ 150 ml für das Zweitrezept)
1 EL Crème fraîche
(+ 1 EL für das Zweitrezept)
Salz
etwas weißer Pfeffer, frisch gemahlen
etwas Koriander, gemahlen
3 Frühlingszwiebeln
2–3 Scheiben Räucherlachs

1. Die Kartoffeln schälen, waschen und in etwa einen Zentimeter große Würfel schneiden. Die Brühe in einem Topf aufkochen. Die Kartoffelwürfel hineingeben und zugedeckt bei schwacher Hitze etwa 15 Minuten garen.

2. Die Kartoffeln zusammen mit der Brühe mit dem Mixstab oder im Mixer pürieren. Die Suppe noch einmal aufkochen lassen und die Crème fraîche darunter rühren. Alles mit Salz, Pfeffer und Koriander abschmecken. Gegebenenfalls etwas mehr als ein Drittel der Suppe für das Zweitrezept in ein Gefäß füllen und nach dem Abkühlen zugedeckt in den Kühlschrank stellen.

3. Die Frühlingszwiebeln putzen, waschen und in sehr feine, schräge Ringe schneiden. Diese in die Kartoffelsuppe geben und alles bei mittlerer Hitze etwa 5 Minuten zugedeckt köcheln lassen.

4. Den Räucherlachs in feine Streifen schneiden. Die Suppe in einen tiefen Teller geben und mit den Lachsstreifen garnieren. Nach Belieben noch etwas Pfeffer darüber mahlen.

Variationen: Statt Lachsstreifen können Sie auch 2 bis 3 Esslöffel herausgelöste Nordseekrabben in die Kartoffelsuppe geben.
Wenn Sie Fisch oder Krabben nicht so gern mögen, können Sie drei bis vier Champignonköpfe in Scheiben schneiden und in etwas Butter andünsten. Diese geben Sie dann als Garnitur auf die Suppe.

Schnitzel mit Linsen-Kartoffel-Sauce

Zweitrezept

Zubereitungszeit: ca. 30 Minuten

Zutaten für 1 Person

1 Zwiebel
3 EL Öl
1 TL Currypulver
Kartoffelsuppe vom Vortag (siehe Rezept links)
3 EL rote Linsen
1 Schweineschnitzel (ca. 150 g)
1 Banane
Salz
schwarzer Pfeffer, frisch gemahlen

1. Die Zwiebel schälen und klein würfeln. Einen Esslöffel Öl in einem Topf erhitzen und die Zwiebelwürfel darin glasig dünsten. Das Currypulver dazugeben, unter ständigem Rühren kurz anschwitzen und dann die kalte Kartoffelsuppe vom Vortag dazugießen. Die roten Linsen in den Topf geben und alles 5 Minuten bei mittlerer Hitze zu einer leicht cremigen Sauce einkochen lassen.

2. Inzwischen das Schweineschnitzel waschen, trockentupfen und von beiden Seiten pfeffern. Einen bis 2 Esslöffel Öl in einer Pfanne erhitzen, das Schnitzel darin von beiden Seiten scharf anbraten und anschließend bei reduzierter Hitze von jeder Seite noch etwa 3 Minuten braten.

3. Inzwischen die Banane schälen, halbieren und kurz in der Pfanne mit anbraten. Das Schnitzel salzen, die Kartoffelsauce mit Salz und Pfeffer nach Belieben abschmecken, beides zusammen mit der bereits gebratenen Banane auf dem Teller anrichten und servieren.

Tipp: Natürlich können Sie das Schnitzel auch panieren. Dazu wenden Sie es zuerst in Mehl, dann in einem verquirlten Ei und anschließend in Semmelbröseln.

Feldsalat mit Kartoffeldressing

Zubereitungszeit: ca. 35 Minuten

Zutaten für 1 Person

100 g Pellkartoffeln oder gekochte Kartoffeln
25 g magerer Räucherspeck
1 kleine Zwiebel
1 EL Walnusshälften
50 g Feldsalat
2 EL Pflanzenöl
2 EL Fleisch- oder Gemüsebrühe (Instant)
Salz
schwarzer Pfeffer, frisch gemahlen
1/2 EL Sherryessig
Paprikapulver, edelsüß

1. Die Kartoffeln schälen, etwa zwei Drittel der Menge in ein Zentimeter große Würfel und ein Drittel grob schneiden. Den Speck sehr fein würfeln. Die Zwiebel schälen und in kleine Würfel schneiden.

2. Die Walnusshälften grob hacken. Den Feldsalat putzen, waschen und trockentupfen.

3. In einem großen Topf einen Esslöffel Öl erhitzen und die Zwiebelwürfel darin andünsten. Mit Brühe angießen, aufkochen lassen und die grob geschnittenen Kartoffeln dazugeben.

4. Die Kartoffelbrühe mit einem Mixstab fein pürieren. Den Topf von der Hitze nehmen und das Dressing mit Salz, Pfeffer und Sherryessig würzen.

5. Das restliche Öl in einer Pfanne erhitzen und darin die Kartoffelwürfel von allen Seiten knusprig braten. Die Speckwürfel darüber streuen und einige Minuten weiterbraten. Alles mit Salz, Pfeffer und Paprikapulver würzen. Den Feldsalat auf einen großen Teller geben und mit dem Dressing beträufeln. Die Speck-Kartoffel-Würfel darauf verteilen und den Salat mit den Walnüssen garnieren.

Variationen: Das Kartoffeldressing können Sie mit getrocknetem Majoran und einem Schuss Sahne variieren. Frische Kräuter geben dem Dressing eine erfrischende Note. Statt Feldsalat können Sie Batavia, Romana, Lollo rosso oder Lollo verde nehmen. Der Räucherspeck lässt sich durch Schinken oder Bratenreste ersetzen.

Viva Reste-Paella

Zubereitungszeit: ca. 40 Minuten

Zutaten für 1 Person

1 kleine rote Paprikaschote
1 kleine Zucchini
1 Scheibe gekochter Schinken
1 kleine Zwiebel
1 Knoblauchzehe
1 kleine frische Chilischote
einige Zweige Petersilie
50 g Hähnchenschnitzel
Salz
schwarzer Pfeffer, frisch gemahlen
etwas Paprikapulver, rosenscharf
2 EL Pflanzenöl
125 g gekochter Langkornreis (entspricht etwa 50 g ungekochtem Reis)
etwas Safran, gemahlen
1 1/2 EL trockener Weißwein
25 g Garnelen, geschält
einige Spritzer Zitronensaft

1. Die Paprikaschote waschen, entkernen und in einen Zentimeter große Würfel schneiden. Die Zucchini putzen, waschen, das Zucchinifleisch längs vierteln und in Scheibchen schneiden. Den Schinken fein würfeln. Die Zwiebel und die Knoblauchzehe schälen und fein würfeln.

2. Die Chilischote säubern, entkernen und fein würfeln. Wenn man nicht mit Haushaltshandschuhen arbeitet, danach sofort die Hände waschen. Die Petersilie waschen, trockentupfen, von den Stielen zupfen und fein hacken.

3. Das Schnitzel in schmale Streifen schneiden und mit Salz, Pfeffer und Paprikapulver würzen.

4. In einem Bräter oder in einer großen Pfanne einen Esslöffel Öl erhitzen und darin die Fleischstreifen unter ständigem Rühren von allen Seiten anbraten. Das Fleisch herausnehmen und auf einen Teller legen.

5. Das restliche Pflanzenöl im Bräter erhitzen und Zwiebel-, Knoblauch-, Schinken- und Chiliwürfel darin andünsten. Den gekochten Reis einrühren und alles mit Salz, Pfeffer, Paprika und Safran würzen.

6. Den Inhalt des Bräters mit dem Wein beträufeln. Die Garnelen und die Fleischstreifen untermengen und alles erneut abschmecken. Die Petersilie unterheben und die Paella mit Zitronensaft beträufeln.

Paella ist das spanische Wort für „Pfanne“. Die Paella gibt es nicht, da jede spanische Region ihre eigene Paella zubereitet. Sie ist ein ideales Restegericht, da man den Reis mit zahlreichen Zutaten mischen kann: Meeresfrüchte, Fisch, Fleisch, Gemüse und Wurst. Probieren Sie und finden Sie heraus, was Ihnen am besten schmeckt.

Hähnchenrisotto mit Parmesan

Zubereitungszeit: ca. 40 Minuten

Zutaten für 1 Person

125 g Hähnchenbrustfilet
schwarzer Pfeffer, frisch gemahlen
2 EL Öl
Salz
100 g Risottoreis
150 ml Hühnerbrühe (Instant)
100 ml trockener Weißwein
(von allem die doppelte Menge für das Zweitrezept)
1 kleine Lauchstange
2 EL Parmesan, frisch gerieben

1. Das Hähnchenbrustfilet kalt abwaschen, mit Küchenkrepp trockentupfen, in feine Streifen schneiden und kräftig mit Pfeffer würzen. Das Öl in einem Topf erhitzen und das Hähnchenfleisch darin bei starker Hitze rundherum goldbraun anbraten. Die Hähnchenstreifen salzen und aus dem Topf nehmen.

2. Die Hitze verringern. Den Reis dazugeben und unter Rühren fast glasig dünsten. Brühe und Wein mischen und etwa ein Drittel davon zum Reis geben. Den Reis bei schwacher Hitze zugedeckt garen, bis er die Flüssigkeit aufgenommen hat. Nach und nach weitere Flüssigkeit angießen und aufsaugen lassen, bis der Risotto fast cremig, der Reis jedoch noch bissfest ist. Den Risotto immer wieder vorsichtig durchrühren, um das Anhaften am Topfboden zu verhindern.

3. Inzwischen den Lauch putzen, längs aufschlitzen, gründlich waschen, gut trockentupfen und dann in etwa 1/2 Zentimeter dicke Ringe schneiden.

4. Etwa 5 Minuten vor Ende der Garzeit gegebenenfalls die Hälfte vom Reis aus dem Topf nehmen und zugedeckt über Nacht kalt stellen. Den Lauch und das angebratene Fleisch unter den restlichen Reis rühren und zugedeckt fertig garen. Das Hähnchenrisotto mit Salz und Pfeffer abschmecken und auf einem Teller anrichten. Zum Schluss mit dem geriebenen Parmesan bestreuen.

Reispuffer

Zweitrezept

Zubereitungszeit: ca. 20 Minuten

Zutaten für 1 Person

2 frische Eier
Reis vom Vortag (siehe Rezept links)
2 EL gemischte Kräuter, gehackt
Salz
schwarzer Pfeffer, frisch gemahlen
3 EL Butter

1. Die Eier in einer Schüssel verquirlen und den Reis mit den Kräutern darunter rühren. Anschließend mit Salz und Pfeffer abschmecken.

2. Die Hände anfeuchten und aus der Masse 5 gleich große Puffer formen.

3. Etwas Butter in einer beschichteten Pfanne erhitzen und darin bei mittlerer Hitze 5 dicke Reispuffer auf beiden Seiten goldbraun backen.

Tipp: Die Puffer können Sie mit Apfel- oder Preiselbeerkompott und Karottenrohkost anrichten.

Hinter der Bezeichnung Risottoreis verbirgt sich eine spezielle Reissorte mittellanger Körnung. Risottoreis gibt beim Kochen ausreichend Stärke ab, so wird der Risotto cremig und der Reis behält seinen Biss. Unter den Sortennamen Arborio-, Avorio- oder Vialonereis finden Sie diesen Reis in Feinkostgeschäften. Im Supermarkt wird er meist unter dem Namen Risottoreis angeboten.

Reissalat mit Huhn

Zubereitungszeit: ca. 30 Minuten

Zutaten für 1 Person

50 g Hähnchenbrustfilet
1 kleine Zwiebel
1 kleine Knoblauchzehe
1 kleine Frühlingszwiebel
1 kleine frische Chilischote
2 EL Pflanzenöl
etwa 100 g gekochter Reis (entspricht etwa 35 g ungekochtem Reis)
einige Spritzer Zitrone
Pfeffer, frisch gemahlen
etwa 1 TL helle Sojasauce
6 Blätter römischer Salat
1 TL Sherryessig
Salz
einige Halme Schnittlauch

1. Das Hähnchenbrustfilet in kleinste Würfel schneiden. Die Zwiebel und die Knoblauchzehe schälen und fein würfeln. Die Frühlingszwiebel putzen, halbieren und in Streifen schneiden.

2. Die Chilischote waschen, entkernen und fein würfeln. Wenn man nicht mit Haushaltshandschuhen arbeitet, danach sofort die Hände waschen. In einer Pfanne einen Esslöffel Öl erhitzen und darin Fleisch- und Chiliwürfel einige Minuten braten.

3. Den Inhalt der Pfanne mit Reis, Zwiebeln, Knoblauch und Frühlingszwiebeln gut vermischen und das Ganze mit Zitronensaft, Pfeffer und Sojasauce würzen.

4. Den römischen Salat in Blätter teilen, waschen, trockenschleudern und quer in Streifen schneiden. Mit dem restlichen Öl, Sherryessig, Salz und Pfeffer anmachen.

5. Die Salatstreifen auf einem Teller verteilen und den Reissalat darauf anrichten. Den Schnittlauch waschen und über den Salat streuen.

Reste-Tipp: Das rohe Hähnchenfleisch können Sie gegen etwas Grillhähnchen, Braten- oder Schinkenreste austauschen. Diese nicht mehr anbraten, sondern einfach klein gewürfelt unter den Salat geben.

Reis à la Risotto

Zubereitungszeit: ca. 40 Minuten

Zutaten für 1 Person

50 g Käse (Edamer oder Gouda)
3 EL Sahne
1 kleine Schalotte
1 EL Butter
etwa 125 g gekochter Reis (entspricht etwa 50 g ungekochtem Reis)
Salz
schwarzer Pfeffer, frisch gemahlen
1 frisches Eigelb
etwas grober schwarzer Pfeffer aus der Mühle

1. Den Käse fein reiben, in einer hitzebeständigen Schüssel mit der Sahne verrühren und über einem heißen Wasserbad unter ständigem Rühren schmelzen lassen. Die Schüssel vom Wasserbad nehmen.

2. Die Schalotte schälen und fein würfeln. In einer beschichteten Pfanne die Butter erhitzen und darin die Schalottenwürfel andünsten. Den Reis hinzufügen, alles unter Rühren erhitzen, salzen und pfeffern.

3. Den Reis auf einem Teller verteilen. Die Käsecreme gut durchrühren und das Eigelb unterziehen. Die Creme löffelweise über den Reis geben und alles mit Pfeffer bestreuen.

Variationen: Statt einer Schalotte können Sie eine Zwiebel oder eine Frühlingszwiebel nehmen.
Die Käsesorte kann nach Belieben variiert werden. Sie können Tilsiter, Chester, halb Edamer und halb Emmentaler oder wie im Originalrezept Fontina verwenden.

Tipp: Hierzu passt als Beilage eingelegtes Gemüse oder ein gemischter knackiger Salat.

Frühlingsrollen mit Gemüse

Zubereitungszeit: ca. 1 Stunde

Zutaten für 1 Person

75 g Gemüsereste (gut geeignet: Karotten, Frühlingszwiebeln)
50 g Sojasprossen aus dem Glas
1 kleine Knoblauchzehe
2 EL Pflanzenöl
1 EL Sojasauce
1 Prise Zucker
Salz
schwarzer Pfeffer, frisch gemahlen
4 TK-Frühlingsrollenblätter (etwa 21 x 21 cm)
1 EL Mehl
1/2 l Pflanzenöl zum Frittieren

1. Die Gemüsereste vorbereiten und klein schneiden oder würfeln. Die Sojasprossen abtropfen lassen und klein hacken. Die Knoblauchzehe schälen und fein würfeln.

2. Das Öl in einer großen Pfanne oder einem Wok erhitzen. Unter ständigem Rühren das Gemüse und die Sojasprossen mit dem Knoblauch andünsten.

3. Alles mit Sojasauce, Zucker, Salz und Pfeffer würzen und zum Abkühlen in eine Schüssel umfüllen.

4. Die Frühlingsrollenblätter in jeweils vier Teile schneiden. Das Mehl mit etwas Wasser zu einem dickflüssigen Teig verrühren.

5. Auf jedes Teigblatt etwa einen Teelöffel Füllung geben. Die untere Kante darüber ziehen, die linke und die rechte Seite zur Mitte einschlagen. Die obere Kante zum Verschließen mit dem Mehlwasserteig bestreichen, ebenfalls darüber ziehen und fest andrücken.

6. Das Öl auf etwa 180 °C (Umluft 150 °C, Gas Stufe 2) erhitzen und darin die Frühlingsröllchen portionsweise goldgelb backen. Die Röllchen mit einem Schaumlöffel herausnehmen und auf Küchenkrepp entfetten.

Reste-Tipps: Auch Chinakohl und Zucchini sind für diese Frühlingsrollen geeignet. Sollten Sie in Ihrem Küchenschrank noch Glasnudeln oder Mu-Err-Pilze vorrätig haben, ist die Füllung perfekt. Zum Servieren können Sie die Röllchen zusätzlich mit etwas gehackter Petersilie bestreuen.
Reste von rohem Fleisch oder Bratenreste sehr fein hacken und unter die Gemüsefüllung mischen.

Wichtig: Achten Sie beim Kauf der Frühlingsrollenblätter auf eine ausreichende Größe.

Vollkornkuchen Verdure

Zubereitungszeit: ca. 1 1/2 Stunden

Zutaten für 1 Person

1 gehäufter EL Haferflocken
50 g Weizenvollkornmehl
1/4 Päckchen Trockenhefe
1 TL Honig
75 g Gemüsereste (gut geeignet: Zucchini und Paprikaschoten)
1 kleine Knoblauchzehe
1 Scheibe gekochter Schinken
1/4 Dose Mais (285 g Abtropfgewicht)
etwas Meersalz
2 EL Olivenöl
Salz, schwarzer Pfeffer, frisch gemahlen
Mehl für die Arbeitsfläche
25 g Pizzatomaten (Tetrapack)
25 g Käse, gerieben

1. Die Haferflocken in eine Schüssel geben, mit 25 Millilitern kochendes Wasser begießen und quellen lassen. Das Mehl in eine zweite Schüssel sieben, eine Mulde formen und Trockenhefe und Honig hineingeben. Mit 25 Millilitern lauwarmes Wasser begießen und Mehl vom Rand überstäuben. Mit einem Tuch bedecken und an einem warmen Ort 30 Minuten ruhen lassen.

2. Das Gemüse putzen, waschen, trockentupfen und klein schneiden. Die Knoblauchzehe schälen und fein würfeln. Den Schinken fein würfeln.

3. Den Vorteig mit den Haferflocken sowie mit einer Prise Meersalz zu einem geschmeidigen Teig kneten. Die Teigmasse zu einem Kloß formen, mit einem Tuch bedecken und 30 Minuten ruhen lassen.

4. Inzwischen einen Esslöffel Öl in einer Pfanne erhitzen und darin Knoblauch, Schinken und Gemüse einige Minuten dünsten. Mit Salz und Pfeffer würzen, den Inhalt der Pfanne kurz abkühlen lassen und den Mais untermengen.

5. Den Backofen auf 220 °C (Umluft 190 °C; Gas Stufe 3–4) vorheizen und ein Backblech mit 1/2 Esslöffel Olivenöl bepinseln. Den Teig auf der bemehlten Arbeitsfläche durchkneten und in Backblechgröße ausrollen.

6. Das Backblech mit dem Teig auskleiden, diesen mit 1/2 Esslöffel Olivenöl bestreichen und mit Pizzatomaten belegen. Die Gemüse-Schinken-Mischung darüber verteilen und alles mit Käse bestreuen. Das restliche Olivenöl darüber träufeln und den Kuchen auf der untersten Schiene etwa 25 Minuten knusprig backen.

Variationen: Mischen Sie nach dem Andünsten des Gemüses einen Teelöffel Sesamsamen oder Pinienkerne unter. Verwenden Sie statt gekochtem Schinken geräucherten oder gepökelten.

Ideal ist eine Gemüsemischung aus Zucchini, Paprika, Fenchel und Auberginen. Sie können aber auch mit Sojabohnensprossen, Spinat, frischen Pfifferlingen oder Champignons und Karotten experimentieren.

Nicht jeder berufstätige Single hat das Glück, sich am Arbeitsplatz ausreichend mit ausgewogener Nahrung versorgen zu können. So ist die Versuchung oft groß, in der Mittagspause einfach zum fertig abgepackten Käsebrötchen oder zum Schokoriegel zu greifen. Aber gerade bei der Arbeit sind Energie und Konzentrationsfähigkeit besonders von Nöten und deshalb ist eine geeignete Ernährung enorm wichtig. In dem folgenden Kapitel finden Sie eine Vielzahl kleiner und leichter Schlemmergerichte zusammengestellt, die speziell auf die Bedürfnisse Berufstätiger zugeschnitten sind und entweder abends vorbereitet oder morgens vor der Arbeit schnell zuzubereiten sind.

Frühstücksdrink mit Karotte (s. Abb. S. 64/65)

Ihre Farbe hat die Karotte dem Betacarotin, einer Vorstufe vom Vitamin A, zu verdanken. Betacarotin gilt als wichtiger Biostoff zur Vorbeugung vor Krebs. Die Aufnahme im Verdauungstrakt wird durch etwas Fett in der Nahrung erleichtert.

Zubereitungszeit: ca. 10 Minuten

Zutaten für 1 Drink

1 Karotte
1 TL Zitronensaft
1 TL Honig
1 Msp. Anispulver
125 g Kefir 1,5 %
etwas weißer Pfeffer, frisch gemahlen

1. Die Karotte putzen, waschen und fein raspeln. Die Karottenraspel zusammen mit Zitronensaft, Honig, Anis und etwa der Hälfte der Kefirmenge in den Mixer geben und alles kräftig durchmixen.

2. Den restlichen Kefir in den Mixer geben und alles kräftig mixen. Den Drink mit Pfeffer pikant abschmecken und in hohen Gläsern servieren.

Tipp: Wenn Sie den Drink weniger stark würzen möchten, dann lassen Sie Pfeffer und Anispulver weg und mixen stattdessen 2 Esslöffel geriebene Haselnüsse oder Mandeln unter den Drink.

Melissen-Soja-Cocktail

In Kräutern sind Vitamine und Mineralstoffe in hoher Konzentration zu finden, darüber hinaus aber auch viele so genannte sekundäre Pflanzeninhaltsstoffe wie ätherische Öle, Gerb- oder Bitterstoffe. Die in der Zitronenmelisse enthaltenen Stoffe wirken vor allem beruhigend auf die Nerven, beleben gleichzeitig aber auch ein wenig.

Zubereitungszeit: ca. 15 Minuten

Zutaten für 1 Glas

2–3 Zweige Zitronenmelisse
(15–20 Blättchen)
100 ml weißer Traubensaft
130 ml Sojamilch
2 TL Zitronensaft
4–5 Eiswürfel

1. Die Zitronenmelisse waschen, trockentupfen, einen Zweig für die Garnierung beiseite legen und von der restlichen Zitronenmelisse die Blättchen abzupfen. Die Blättchen sehr fein hacken – das geht am besten im Mixer oder mit speziellen Aufsätzen für den Pürierstab.

2. Traubensaft und Sojamilch mischen und die Zitronenmelisse darunter rühren. Den Drink mit dem Zitronensaft abschmecken.

3. Die Eiswürfel in ein Glas geben, den Melissencocktail darauf gießen und den Zweig Zitronenmelisse als Dekoration hineinstecken. Frisch servieren!

Orientalischer Kräuterdrink

Zubereitungszeit: ca. 10 Minuten

Zutaten für 1 Glas

1/2 Schälchen Kresse
200 g fettarmer Joghurt
Salz
1 Msp. Senfpulver oder scharfer Senf
3 Eiswürfel
etwas Mineralwasser

1. Die Kresseblättchen kurz über dem Boden abschneiden, abspülen und abtropfen lassen. Einige Kresseblättchen zum Dekorieren beiseite legen.

2. Die Kresse mit einem bis 2 Esslöffel Joghurt im Mixer fein hacken. Den restlichen Joghurt darunter rühren und alles mit Salz und Senfpulver oder Senf würzen.

3. Die Eiswürfel in ein Glas geben, den Kräuterjoghurt darüber gießen und das Glas mit Mineralwasser auffüllen. Das Getränk mit der zurückgelegten Kresse dekorieren.

Tipps: Das Originalgetränk „Ayran", das in den Ländern des Vorderen Orients sehr beliebt ist, besteht nur aus Joghurt, Wasser und Salz. Manchmal wird es mit etwas Knoblauch oder fein gehackter Pfefferminze gewürzt. Senf dient zur Würze, enthält Senföl und hilft bei der Verdauung. Diese Vitalstoffe wirken im Organismus bioaktiv und können beispielsweise Krankheitserreger abtöten.

Bohnensalat mit Speck

Zubereitungszeit: ca. 20 Minuten

Zutaten für 1 Person

200 g grüne Bohnen
50 g magerer Speck
1 TL Butter
1/4 TL Thymian, gerebelt
1/4 TL Bohnenkraut, getrocknet
1 kleine Zwiebel
1 EL Weinessig
Salz
1 Prise Cayennepfeffer
2 EL Walnussöl oder Olivenöl
3–4 Walnusskerne
2–3 schwarze Oliven

1. Die Bohnen putzen, waschen, abtropfen lassen und anschließend dann in einem Topf mit kochendem Wasser etwa 6 Minuten garen. Dann die Bohnen in einem Sieb abtropfen und ausdampfen lassen.

2. Unterdessen den Speck in kleine Würfel schneiden. In einer Pfanne bei mittlerer Hitze die Butter schmelzen lassen, den Thymian und das Bohnenkraut hineingeben und die Speckstückchen darin anbraten.

3. Die Zwiebel schälen, fein hacken und ebenfalls in die Pfanne geben. Zum Schluss die Bohnen dazugeben und vorsichtig umrühren. Alles zusammen in eine Schale geben und auskühlen lassen.

4. Den Essig mit Salz und Cayennepfeffer verrühren und langsam das Öl dazugeben.

5. Das Dressing über den Bohnensalat gießen. Die Walnusskerne grob hacken, darüber streuen und abschließend Salat mit den Oliven verzieren.

Spanischer Kartoffelsalat

Zubereitungszeit: ca. 40 Minuten
Zeit zum Durchziehen: ca. 30 Minuten

Zutaten für 1 Person

1 Ei
100 g grüne Bohnen
1 kleine Karotte
etwas Jodsalz
120 g gekochte Kartoffeln, gepellt
1 kleine rote Paprikaschote
2 EL Olivenöl
2 EL warmes Wasser
schwarzer Pfeffer, frisch gemahlen
einige Zweige Petersilie

1. Das Ei in etwa 10 Minuten hart kochen, mit kaltem Wasser abschrecken, pellen und abkühlen lassen.

2. Inzwischen die Bohnen waschen, putzen und in etwa 3 Zentimeter lange Stücke schneiden. Die Karotte waschen, putzen, schälen und in Scheiben schneiden. Beide Gemüsesorten in wenig leicht gesalzenem Wasser bissfest garen, dann herausnehmen.

3. Unterdessen die Kartoffeln in etwa 3 Zentimeter große Stücke schneiden. Die Paprikaschote waschen, halbieren, putzen und mit dem Sparschäler schälen. Die Paprikahälften in schmale Streifen schneiden.

4. Das Ei halbieren, das Eiweiß in kleine Würfel hacken. Das Eigelb zerdrücken. Das Olivenöl nach und nach mit einem Schneebesen darunter rühren – es muss sich gut mit dem Eigelb verbinden. Dann tropfenweise das warme Wasser darunter rühren. Die Sauce mit Salz und Pfeffer abschmecken.

5. Kartoffeln, Eiweiß, Bohnen, Karotten und Paprika vorsichtig mit der Sauce mischen. Den Salat 30 Minuten durchziehen lassen, mit der Petersilie garnieren und nicht zu kalt servieren.

Tipp: Der Salat eignet sich gut als sommerliche Beilage zu gegrilltem Fleisch oder Fisch. Zusammen mit Thunfisch (naturell, aus der Dose) ergibt er solo ein leichtes Abendessen.

Käse-Wurst-Salat

Zubereitungszeit: ca. 30 Minuten
Zeit zum Durchziehen: ca. 1 Stunde

Zutaten für 1 Person

100 g Cervelatwurst
75 g Schweizer Emmentaler
1 kleine Gewürzgurke
1 EL Weißweinessig
1 Msp. mittelscharfer Senf
1 EL Sonnenblumenöl
Salz
schwarzer Pfeffer, frisch gemahlen
einige Halme Schnittlauch
einige Zweige Dill

1. Die Cervelatwurst von der Wurstpelle befreien, zuerst in dünne Scheiben, dann die Scheiben in schmale Streifen schneiden.

2. Den Käse entrinden. Die Gewürzgurke abtropfen lassen. Käse und Gurke ebenfalls in feine Streifen schneiden. Die vorbereiteten Salatzutaten in einer Schüssel vermischen.

3. Den Essig mit dem Senf in einer kleinen Schüssel verrühren. Alles mit dem Öl aufschlagen, mit Salz sowie Pfeffer abschmecken. Diese Marinade auf die Salatzutaten gießen, alles vermischen und durchziehen lassen.

4. Schnittlauch und Dill unter kaltem Wasser abspülen, trockentupfen und beides fein schneiden. Den Salat vor dem Servieren damit bestreuen.

Tipp: Wurstsalat sollte, damit er gut durchzieht, in der Marinade schwimmen. Deshalb nimmt man hierbei mehr Öl und Essig.

Garnelen-Schinken-Salat

Zubereitungszeit: ca. 30 Minuten
Kühlzeit: ca. 1 Stunde

Zutaten für 1 Person

1 EL TK-Garnelen, geschält
50 g TK-Erbsen
Salz
50 g Langkornreis
1 EL Pflanzenöl
1/2 EL Weißweinessig
etwas weißer Pfeffer, frisch gemahlen
etwas Zucker
1 Scheibe gekochter Schinken

1. Die Garnelen bei Zimmertemperatur auftauen lassen. Die Erbsen in Salzwasser eine Minute kochen, in ein Sieb geben und abtropfen lassen.

2. Inzwischen reichlich Salzwasser zum Kochen bringen und den Reis darin in etwa 15 Minuten garen. Den Reis anschließend in einem Sieb abtropfen lassen und mit kaltem Wasser abspülen.

3. Öl, Essig, Salz, Pfeffer und Zucker miteinander verrühren und die Marinade abschmecken. Den Reis in eine Salatschüssel geben und mit der Essig-Öl-Marinade vermengen.

4. Den Schinken in kleine Streifen schneiden. Die Schinkenstreifen, die Erbsen und die Garnelen unter den Reis mischen. Den Salat vor dem Servieren für etwa eine Stunde in den Kühlschrank stellen.

Wenn Sie den Reis in einer kräftigen Brühe garen, wird Ihr Garnelen-Schinken-Salat aromatischer.

Tomaten-Käse-Salat

Zubereitungszeit: ca. 10 Minuten

Zutaten für 1 Person

1–2 Tomaten
2–3 EL Käsewürfel (Gouda, Edamer oder Emmentaler)
2 EL Haselnusskerne
2 EL Kräuter, frisch gehackt (Majoran, Oregano, Thymian, Basilikum)
2 TL Weißweinessig
Meersalz
1 EL Distelöl
schwarzer Pfeffer, frisch gemahlen
1 kleine Zwiebel

1. Die Tomaten waschen, vom Stielansatz befreien, das Fruchtfleisch in Würfel schneiden und in eine Schüssel geben. Darin mit den Käsewürfeln vermischen.

2. Die Nüsse hacken und darüber streuen. Die Kräuter untermischen.

3. Den Essig zusammen mit etwas Salz so lange rühren, bis sich das Salz aufgelöst hat.

4. Das Öl tropfenweise dazugeben und alles mit einem Schneebesen kräftig schlagen, damit die Marinade cremig wird. Mit Pfeffer würzen und bei Bedarf noch etwas nachsalzen.

5. Die Marinade über den Salat geben. Die Zwiebel schälen, in feine Ringe schneiden und den Tomaten-Käse-Salat damit garnieren.

Tipp: Der Salat schmeckt nur mit frischen Kräutern wirklich gut. Ein paar schwarze und grüne Oliven – statt Distelöl – verleihen dem Salat einen mediterranen Touch.

Kerbelcreme

Zubereitungszeit: ca. 15 Minuten
Kühlzeit: mindestens 1 Stunde

Zutaten für 1 Person

100 g Doppelrahmfrischkäse
1 EL süße Sahne
einige Zweige Petersilie
einige Halme Schnittlauch
einige Zweige Kerbel
5 Radieschen
1 kleine Knoblauchzehe
Salz
etwas weißer Pfeffer, frisch gemahlen
1 Schuss Sojasauce

1. Den Frischkäse mit der Sahne glatt rühren.

2. Die Petersilie, den Schnittlauch und den Kerbel unter fließend kaltem Wasser abspülen, trockentupfen und alles fein hacken. Die Radieschen waschen, die Knoblauchzehe schälen und beides ebenfalls sehr fein hacken. Die Kräuter, die Radieschen und den Knoblauch mit dem Frischkäse mischen.

3. Die Kräutercreme mit Salz, Pfeffer und Sojasauce würzen und mindestens eine Stunde in den Kühlschrank stellen.

Frischkäse-Gurken-Dip

Zubereitungszeit: ca. 5 Minuten

Zutaten für 1 Person

1 kleine Salatgurke (ca. 50 g)
1½ EL saure Sahne
2 EL Frischkäse mit Kräutern
einige Spritzer Zitronensaft
einige rote getrocknete Pfefferkörner
Salz
schwarzer Pfeffer, frisch gemahlen

1. Die Salatgurke waschen, trockentupfen und würfeln.

2. Die saure Sahne zusammen mit Frischkäse, Zitronensaft und Pfefferkörnern in eine Schüssel geben und alles gut verrühren.

3. Die Gurkenwürfel hinzufügen, alles miteinander vermischen und mit Salz und Pfeffer abschmecken.

Karottenrohkost mit Meerrettich

Zubereitungszeit: ca. 15 Minuten

Zutaten für 1 Person

3 Karotten
2 TL Meerrettich, frisch gerieben
1 TL Senf
1 TL Öl
1 EL Kräuteressig
Salz
1 Prise Zucker
75 g Vollmilchjoghurt
1 TL Schnittlauchröllchen

1. Die Karotten schälen, fein raspeln und mit dem Meerrettich mischen.

2. Aus Senf, Öl, Essig, Salz, Zucker und Joghurt eine Marinade rühren und diese über die Karotten geben.

3. Den Salat mischen und mit dem Schnittlauch bestreuen.

Tipp: Der Salat wird knackiger, wenn Sie ihn mit grob gehackten Walnüssen oder Haselnüssen bestreuen.

Südtiroler Herbstsalat

Zubereitungszeit: ca. 15 Minuten

Zutaten für 1 Person

150 g Stangensellerie
75 g blaue Weintrauben
1 EL Haselnüsse, gehobelt
1/2 EL Dill, gehackt
1/2 EL Zitronensaft
Salz
1 Prise Zucker
75 g Magermilchjoghurt
1 Zweig Dill

1. Den Sellerie putzen, waschen und in kleine Stücke schneiden. Die Weintrauben waschen, abtropfen lassen, halbieren und entkernen.

2. Selleriestückchen, Traubenhälften, Haselnüsse und Dill mischen.

3. Aus Zitronensaft, Salz, Zucker und Joghurt eine Marinade anrühren.

4. Die Marinade mit dem Salat vermischen. Alles gut durchziehen lassen und mit dem Dillzweig garnieren.

Variationen: Nach Belieben können Sie den Dill durch etwas fein gehacktes Selleriegrün ersetzen und statt des Magermilchjoghurts saure Sahne verwenden.

Ricotta-Tramezzini

Ricotta ist ein italienischer Frischkäse. Er wird aus der Molke durch Erhitzen gewonnen. Die Molke kann von Schafs- oder Kuhmilch stammen. Ricotta hat einen milden, süßlichen Geschmack und enthält je nach Milchsorte 20–77 % F.i.Tr. Er ist nur begrenzt haltbar und muss kühl gelagert werden. Verwendet wird Ricotta beispielsweise als Füllung für Ravioli und Cannelloni.

Zubereitungszeit: ca. 30 Minuten

Zutaten für 1 Person

50 g Karotten
2 EL Walnusskerne
1 EL Ricotta
einige Spritzer Zitronensaft
etwas Zucker
einige Blätter Feldsalat
50 g Camembert mit grünem Pfeffer
2 Scheiben Weißbrot

1. Die Karotten schälen und grob raspeln. Die Nüsse hacken und mit den Karotten vermischen. Ricotta, Zitronensaft und Zucker verrühren.

2. Den Salat waschen und trockentupfen. Den Camembert in Scheiben schneiden. Die Brotscheiben toasten.

3. Dann eine Weißbrotscheibe mit etwas Ricottacreme bestreichen. Den Feldsalat, die Camembertscheiben und die Karotten-Nuss-Mischung darauf verteilen. Die restliche Ricottacreme darüber geben. Mit der anderen Brotscheibe bedecken und das Tramezzini schräg durchschneiden.

Tipp: Verpacken Sie das Tramezzini zum Mitnehmen in Frischhaltefolie und geben Sie die Brote in eine Plastikbox. Ergänzen Sie die Mahlzeit durch eine Birne oder ein anderes Stück Obst.

Griechisches Sandwich

Zubereitungszeit: ca. 20 Minuten

Zutaten für 1 Person

2 Scheiben Bauernbrot
2 TL Butter
2 Kopfsalatblätter
1 kleines Stück Salatgurke (ca. 50 g)
1 feste Tomate
1/2 TL Majoranblättchen
4 schwarze Oliven
50 g Schafskäse
Salz
schwarzer Pfeffer, frisch gemahlen

1. Die Brotscheiben mit Butter bestreichen und mit den gewaschenen Salatblättern belegen.

2. Die Gurke und die Tomate waschen und in dünne Scheiben schneiden. Dabei die Tomate vom Stielansatz befreien.

3. Eine Brotscheibe mit den Gurken- und Tomatenscheiben belegen. Die Majoranblättchen darauf verteilen.

4. Die Oliven halbieren und entsteinen. Den Käse in längliche Scheiben schneiden und beides auf dem Brot verteilen.

5. Je nach Geschmack salzen und pfeffern und die zweite gebutterte Brotscheibe darauf legen.

Tipps: Das Sandwich fest in Klarsicht- oder Alufolie einwickeln, damit es nicht auseinander fällt. Noch besser schmeckt es, wenn Sie original griechisches oder türkisches Fladenbrot für dieses Sandwich verwenden.
Die schwarzen Oliven lassen sich auch durch grüne oder gefüllte ersetzen.

Gefülltes Fladenbrot

Zubereitungszeit: ca. 20 Minuten

Zutaten für 1 Person

1 Scheibe gekochter Schinken
2 getrocknete Datteln
etwas frische Kresse
75 g Doppelrahmfrischkäse
2 EL Milch
Salz
schwarzer Pfeffer, frisch gemahlen
1 kleines Fladenbrot bzw.
1 Fladenbrötchen
2 TL weiche Butter oder Margarine
3–4 kleine Salatblätter
1 kleines Stück Salatgurke

1. Den Schinken klein würfeln. Die Datteln entsteinen und in feine Streifen schneiden. Die Kresse kurz abspülen und abschneiden.

2. Den Frischkäse mit Milch, Schinken, Datteln und Kresse verrühren. Mit Salz und Pfeffer abschmecken.

3. Das Fladenbrot längs halbieren. Beide Hälften von der Mitte aus einschneiden und innen mit Butter oder Margarine bestreichen.

4. Die Salatblätter waschen, trockentupfen und mundgerecht zerzupfen. Die Gurke waschen und in dünne Scheiben schneiden. Beides in die Fladenhälften geben und die Frischkäsemischung darin verstreichen.

Tipp: Diese Füllung schmeckt auch mit würzigem Vollkornbrot oder auf einem Sesambrötchen.

Mozzarellabrötchen

Zubereitungszeit: ca. 15 Minuten

Zutaten für 1 Person

3 EL Petersilie, gehackt
2 EL Olivenöl
1 EL ungesüßtes Mandelmus
1 kleine Knoblauchzehe
etwas abgeriebene Schale einer unbehandelten Zitrone
Salz
Pfeffer, frisch gemahlen
40 g Mozzarella
1 kleine, feste Tomate
1 kleines Stück Salatgurke
1 Vollkornbrötchen
1 Scheibe roher Räucherschinken

1. Die Petersilie in einer kleinen Schüssel mit dem Öl und dem Mandelmus verrühren. Den Knoblauch schälen und hacken oder pressen, zu der Mandel-Petersilien-Mischung geben und alles mit Zitronenschale sowie mit Salz und Pfeffer herzhaft abschmecken.

2. Den Mozzarella gut abtropfen lassen und in dünne Scheiben schneiden. Die Tomate und die Gurke waschen und ebenfalls in dünne Scheiben schneiden.

3. Das Vollkornbrötchen quer halbieren und beide Hälften mit der Petersiliencreme bestreichen. Die untere Hälfte mit Schinken, Tomaten-, Gurken- und Mozzarellascheiben belegen und den Brötchendeckel auflegen.

Variation: Statt mit der Petersiliencreme können Sie das Brötchen auch mit Pesto (fertig im Gläschen zu kaufen) bestreichen.

Tipp: Verpacken Sie das Brötchen zum Mitnehmen in Pergamentpapier und in eine kleine Plastiktüte oder direkt in Klarsichtfolie.

Käse-Sherry-Brezeln

Zubereitungszeit: ca. 15 Minuten

Zutaten für 1 Person

40 g fester Bergkäse am Stück
30 g Parmesan
30 g Edelpilzkäse
2 EL Butter
schwarzer Pfeffer, frisch gemahlen
etwas Paprikapulver, edelsüß
1 EL trockener Sherry
2 Laugenbrezeln
einige Salatblätter
4 Kirschtomaten

1. Den Bergkäse und den Parmesan fein reiben. Beides mit dem Edelpilzkäse und mit der Butter gründlich verrühren.

2. Die Käse-Butter-Mischung mit Pfeffer, Paprikapulver und Sherry würzen. Die Brezeln halbieren und jeweils beide Hälften mit der Käsecreme bestreichen.

3. Die Salatblätter waschen und trockenschleudern, die Kirschtomaten halbieren. Die Brezelhälften mit Salat und Tomaten dazwischen wieder zusammensetzen.

Variation: Die Brezeln sind auch als Pausensnack für Kinder geeignet, wenn Sie den Sherry durch einen Esslöffel Sahne ersetzen, die Sie mit etwas Sojasauce aromatisieren.

Mascarponebrötchen

Zubereitungszeit: ca. 30 Minuten

Zutaten für 1 Person

1/2 Bund Petersilie
75 g Mascarpone
1 EL Milch
1 EL Mandeln, gerieben
Salz
schwarzer Pfeffer, frisch gemahlen
1/2 rote Paprikaschote
1/2 Zucchini
1 Baguettebrötchen

1. Die Petersilie waschen, trockentupfen und mit den Stielen im Mixer oder mit dem Mixstab pürieren.

2. Den Mascarpone und die Milch unter die Petersilie mischen und glatt rühren.

3. Die Mandeln in einer trockenen Pfanne goldbraun rösten. Dann unter die Mascarponecreme rühren und alles mit Salz und Pfeffer würzen.

4. Die Paprikaschote waschen und Rippen, Stielansatz sowie Kerne entfernen.

5. Die Zucchini ebenfalls waschen und den Stielansatz entfernen. Die Gemüsesorten der Länge nach in dünne Streifen schneiden.

6. Das Baguettebrötchen halbieren und mit der Mascarponecreme bestreichen.

7. Die Paprika- und die Zucchinistreifen darauf verteilen. Die beiden Hälften vorsichtig aufeinander setzen.

Tipp: Mit einem großen, schweren Küchenmesser lässt sich eine Zucchini am besten in dünne gleichmäßige Streifen schneiden.

Variation: Anstelle der Mascarponemasse können Sie auch Kräuterfrischkäse verwenden.

Mexikanische Muffins

Zubereitungszeit: ca. 30 Minuten
Backzeit: ca. 20 Minuten

Zutaten für 1 Person

1 kleine rote Chilischote
1 frisches Eigelb
100 g Rinderhackfleisch
20 g Semmelbrösel
Salz
Pfeffer, frisch gemahlen
5 EL Öl
1/2 rote Paprikaschote
1 frisches Ei
1/8 l Buttermilch
50 g Mehl
80 g Maisgrieß
1 TL Backpulver

1. Die Chilischote längs aufschlitzen, entkernen, waschen und fein würfeln. Wenn man nicht mit Haushaltshandschuhen arbeitet, danach sofort die Hände waschen.

2. Chilischote, Eigelb, Rinderhack und Semmelbrösel verkneten, mit Salz und Pfeffer abschmecken. Mit feuchten Händen sechs Klößchen formen und in einem Esslöffel heißes Öl knusprig braun braten. Die Fleischklößchen beiseite stellen.

3. Die Paprikaschote waschen, Scheidewände herausschneiden, entkernen und in kleine Würfel schneiden. Das Ei trennen. Das Eigelb mit der Buttermilch und dem restlichen Öl verrühren. Das Eiweiß mit einer Prise Salz steif schlagen.

4. Mehl, Maisgrieß und Backpulver mischen und unter die Buttermilchmasse rühren. Danach die Paprikawürfel und die fein gehackte Petersilie darunter mischen. Zum Schluss den Eischnee vorsichtig unterheben.

5. Ein Muffinblech fetten. Die Hälfte des Teigs in die Mulden füllen. Hackbällchen darauf setzen und den restlichen Teig darüber verteilen. Die Muffins im vorgeheizten Backofen auf der mittleren Einschubhöhe bei 200 °C (Umluft 170 °C; Gas Stufe 3) etwa 15 bis 20 Minuten backen.

Tipp: Die Muffins halten sich 2 bis 3 Tage in einer Dose im Kühlschrank. Wenn Sie Ihren Kollegen eine Freude machen wollen, bringen Sie alle Muffins mit ins Büro.

Zucchini-Salami-Täschchen

Zubereitungszeit: ca. 15 Minuten
Backzeit: ca. 15 Minuten

Zutaten für 1 Person

1 Platte TK-Blätterteig (ca. 75 g)
1 kleine Zwiebel
1 kleine Zucchini
50 g Salami
2 TL Öl
Salz
schwarzer Pfeffer, frisch gemahlen
etwas Paprikapulver, edelsüß
1 kleines frisches Ei
Mehl zum Ausrollen
2 EL Parmesan, frisch gerieben

1. Den Blätterteig auftauen lassen. Den Backofen auf 225 °C (Umluft 200 °C; Gas Stufe 4) vorheizen.

2. Die Zwiebel schälen und klein würfeln. Die Zucchini waschen, putzen und grob raspeln. Die Salami klein würfeln.

3. Das Öl in einer kleinen Pfanne erhitzen. Die Zwiebel bei mittlerer Hitze hell anbraten. Die Salami dazugeben und mit anbraten. Die Zucchini hinzufügen, alles mit Salz, Pfeffer und Paprikapulver würzen. Bei mittlerer Hitze etwa 5 Minuten garen.

4. Das Ei verquirlen. Die Gemüse-Salami-Mischung in eine Schüssel füllen, kurz abkühlen lassen und den größten Teil des Eis darunter rühren.

5. Das Blätterteigblatt auf einer leicht bemehlten Arbeitsfläche zu einem etwa 15 mal 30 Zentimeter großen Rechteck ausrollen. Dieses in zwei Quadrate teilen. Die Gemüse-Salami-Mischung auf die Mitte der Teigquadrate verteilen. Die Quadrate zu Dreiecken falten und die Ränder mit einer Gabel sehr gut festdrücken, damit die Füllung fest umschlossen ist und nicht ausfließen kann.

6. Die Teigtäschchen auf ein mit Backpapier belegtes Blech setzen und mit dem restlichen verquirlten Ei bestreichen. Den Parmesan darauf streuen. Die Täschchen auf der mittleren Einschubleiste in den Backofen schieben und etwa 15 Minuten goldbraun backen. Abkühlen lassen und verpacken.

Empanadas mit Lammfüllung und Mais-Tomaten-Salsa

Zubereitungszeit: ca. 25 Minuten
Backzeit: ca. 20 Minuten

Zutaten für 1 Person

2 Platten TK-Blätterteig (ca. 120 g)
1 kleine Zwiebel
1/2 grüne Paprikaschote
1 kleine Karotte
1/2 TL ganze Koriandersamen
100 g Lammhack
1 EL Öl
1 EL Tomatenmark
etwas Zimt
Salz
etwas weißer Pfeffer, frisch gemahlen
1/2 TL Agavendicksaft
1 frisches Eigelb
2 EL Milch
1 kleine Dose Mais
(Abtropfgewicht 140 g)
1/2 kleine rote Chilischote
1 Frühlingszwiebel
1 Tomate
1 EL Limettensaft

1. Den Blätterteig auftauen lassen. Die Zwiebel schälen und fein würfeln. Die Paprikaschote waschen, putzen und klein würfeln.

2. Die Karotte schälen, waschen und fein würfeln. Den Koriander im Mörser zerkleinern oder mit einer Messerklinge zerdrücken.

3. Das Lammhack im heißen Öl krümelig braten. Zwiebel, Paprika und Karotte zugeben und unter Rühren etwa 3 Minuten anbraten. Tomatenmark untermischen und alles kräftig mit Koriander, Zimt, Salz weißem Pfeffer und Agavendicksaft abschmecken. Die Lammhackmischung abkühlen lassen.

4. Das Eigelb mit der Milch verrühren. Die Blätterteigplatten quer halbieren. Die Füllung darauf verteilen und die Teigränder sorgfältig mit der Eiermilch bestreichen. Die Quadrate zu Dreiecken zusammenklappen und die Ränder fest andrücken.

5. Ein Backblech mit kaltem Wasser abspülen, nicht abtrocknen. Die Empanadas auf das Blech legen, die Oberseite der Teigtaschen mit Eiermilch bestreichen. Im vorgeheizten Backofen bei 200 °C (Umluft 170 °C; Gas Stufe 3) etwa 20 Minuten backen, bis die Empanadas goldgelb sind.

6. Inzwischen für die Mais-Tomaten-Salsa etwa zwei Drittel vom Mais und die Maisflüssigkeit mit dem Mixstab fein pürieren. Den restlichen Mais unterheben.

7. Die Chilischote längs aufschlitzen, entkernen, waschen und fein würfeln. Wenn man nicht mit Haushaltshandschuhen arbeitet, danach sofort die Hände waschen. Die Frühlingszwiebel putzen, gut waschen, in feine Ringe schneiden und mit der Chilischote zum Mais geben.

8. Die Tomate waschen, quer halbieren, entkernen und das Fruchtfleisch fein würfeln. Zum Mais geben und mit Limettensaft, Salz und Pfeffer abschmecken. Die Mais-Tomaten-Salsa zu den Empanadas servieren.

Türkischer Joghurt mit Honig und Nüssen

Zubereitungszeit: ca. 15 Minuten

Zutaten für 1 Person

75 g Schlagsahne
einige Walnüsse
1 1/2 EL Bienenhonig
125 g türkischer Joghurt
einige Pistazien

1. Die Sahne steif schlagen und anschließend kalt stellen. Die Walnüsse grob zerkleinern.

2. Den Honig in der Mikrowelle etwa eine Minute anwärmen, damit er flüssiger wird. Den Joghurt in eine Rührschüssel geben und den Honig unter ständigem Rühren mit dem Handrührgerät einfließen lassen.

3. Die Nüsse und Pistazien unter den Joghurt mischen und die Schlagsahne locker unterziehen.

Tipp: Falls Sie keine Mikrowelle besitzen, können Sie den Honig auch im Wasserbad erwärmen. Dazu einfach den Honig in ein Gefäß füllen und dieses in einen mit Wasser gefüllten Topf setzen. Den Topf auf der Herdplatte langsam erhitzen, bis der Honig die gewünschte Konsistenz hat.

Erdbeerquark

Zubereitungszeit: ca. 15 Minuten

Zutaten für 1 Person

150 g Quark
2 EL süße Sahne
1 TL Honig
2 EL Mandeln, gemahlen
6–8 Erdbeeren
einige Pfefferminzblätter

1. Den Quark mit Sahne, Honig und Mandeln vermischen. Die Erdbeeren halbieren und dazugeben. Eine bis zwei Erdbeeren als Dekoration zurückbehalten.

2. Den Quark auf einem Dessertteller anrichten und mit frischen Minzblättchen und Früchten dekorieren.

Variation: Falls Sie gerade Appetit auf Himbeeren haben, tauschen Sie die Erdbeeren gegen aromatische frische Himbeeren aus.

Pfirsich mit Hüttenkäse

Zubereitungszeit: ca. 5 Minuten

Zutaten für 1 Person

1 Pfirsich
3 EL Hüttenkäse
1–2 EL süße Sahne
1 TL Haselnüsse, fein gerieben
einige frische Minzeblättchen

1. Den Pfirsich waschen, halbieren, entkernen und jede Hälfte längs in vier bis sechs Streifen schneiden. Auf einem Fruchtteller dekorativ anordnen.

2. Den Hüttenkäse mit der Sahne vermischen und in die Mitte der angerichteten Pfirsichstücke geben. Mit den Nüssen bestreuen und den Minzeblättchen dekorieren.

Freunde sind für jeden Menschen und insbesondere für Singles enorm wichtig. Und, wenn liebe Gäste zu Besuch kommen, möchte man gern vorbereitet sein und Ihnen auch in kulinarischer Hinsicht etwas Besonderes bieten können. Nicht alltäglich sind deshalb die Verwöhngerichte des folgenden Kapitels. Die Zutatenangaben beziehen sich in der Regel auf vier Personen. Eine Ausnahme bilden lediglich die Seiten 104 bis 109: Hier finden Sie Köstliches für zwei Personen, für den Fall, dass einmal eine ganz besonders geliebte Person zu Besuch kommt und länger bleibt als nur für ein paar Stunden …

Tomaten-Mozzarella-Teller (s. Abb. S. 88/89)

Statt der Mozzarellakugeln, die Sie in jeder Käsetheke finden, können Sie auch die würzigere Büffelmozzarella (Mozzarella di bufala) nehmen, die – wie im Original – aus Büffelmilch hergestellt wird.

Zubereitungszeit: ca. 15 Minuten

Zutaten für 4 Personen

500 g Tomaten
250 g Mozzarella (2 Kugeln)
ca. 20 Basilikumblätter
6 EL Olivenöl
schwarzer Pfeffer, frisch gemahlen
Salz

1. Die Tomaten waschen, abtrocknen, putzen und in Scheiben schneiden. Den Mozzarella in etwa $^1/_2$ Zentimeter dicke Scheiben schneiden.

2. Tomaten- und Käsescheiben abwechselnd kreisförmig auf eine große runde Platte legen.

3. Die Basilikumblätter waschen, trocknen und auf die Platte streuen.

4. Das Olivenöl über die Zutaten träufeln. Mit Pfeffer und Salz würzen.

Variation: Anstatt die Tomaten- und Mozzarellascheiben auf einer Platte zu verteilen, können Sie auch etwa 8 Baguettebrötchen belegen. Dafür schneiden Sie die Brötchen auf, beträufeln die Innenflächen mit etwas Olivenöl und legen abwechselnd einige Scheiben Tomate und Mozzarella auf die untere Brötchenhälfte. Dann alles mit Basilikum, Pfeffer und Salz würzen und die obere Brötchenhälfte darauf drücken.

Chefsalat

Zubereitungszeit: ca. 30 Minuten

Zutaten für 4 Personen

2 frische Eier
1 Eisbergsalat
4 Tomaten
$^1/_4$ Salatgurke (ca. 150 g)
8 mit Paprika gefüllte grüne Oliven
150 g gekochter Schinken
150 g Emmentaler
125 g Salatmayonnaise
2 EL Öl
1 EL Weinessig
Salz
schwarzer Pfeffer, frisch gemahlen
2 EL Petersilie, gehackt

1. Eier 10 Minuten hart kochen und kalt abschrecken. Eisbergsalat putzen, die Blätter waschen, trockenschütteln und in Stücke zupfen.

2. Tomaten waschen, vierteln und die Stielansätze entfernen. Gurke schälen und in dünne Scheiben schneiden. Oliven abtropfen lassen und ebenfalls in dünne Scheiben schneiden.

3. Eisbergsalat, Tomatenviertel, Gurken- und Olivenscheiben in einer Salatschüssel vermengen. Schinken und Käse in feine Streifen schneiden und unter den Salat mischen. Die Eier pellen und vierteln.

4. Salatmayonnaise mit Öl und Essig verrühren, mit Salz sowie Pfeffer abschmecken und unter die Salatzutaten heben. Mit den Eivierteln und der gehackten Petersilie garnieren.

Hummus

Aus der Türkei

Zubereitungszeit: ca. 30 Minuten
Kühlzeit: ca. 1 Stunde

Zutaten für 4 Personen

500 g Kichererbsen aus der Dose
1/2 Bund Petersilie
3 Knoblauchzehen
1 kleine Zwiebel
2 kleine, rote Chilischoten
3 EL Olivenöl
Saft von 1 Zitrone
1/4 TL Chilipulver
1/4 TL Cayennepfeffer
Salz
schwarzer Pfeffer, frisch gemahlen
4 große Blätter Kopfsalat
1 Msp. Zimtpulver

1. Die Kichererbsen in ein Sieb geben und gut abtropfen lassen. Die Petersilie waschen und trockentupfen. Die Blätter von den Stielen zupfen und klein schneiden.

2. Den Knoblauch und die Zwiebel schälen und fein würfeln. Die Chilischoten waschen, trockentupfen, längs halbieren, entkernen und in sehr kleine Würfel schneiden. Wenn man nicht mit Haushaltshandschuhen arbeitet, danach sofort die Hände waschen.

3. Kichererbsen, Knoblauch- und Zwiebelwürfel sowie Petersilie und Chilischotenwürfel mit dem Olivenöl, dem Zitronensaft, dem Chilipulver und dem Cayennepfeffer im Mixer oder mit einem Mixstab fein pürieren.

4. Das Kichererbsenpüree mit Salz und Pfeffer abschmecken, in eine Schüssel füllen und diese mit Klarsichtfolie gut bedecken. Das Püree etwa eine Stunde kalt stellen.

5. Die Salatblätter waschen und trockentupfen. Auf jeden Teller ein Blatt legen. Das Kichererbsenpüree auf die vier Teller verteilen und jeweils leicht mit Zimtpulver bestäuben.

Tipp: Hummus kann auch aus getrockneten Kichererbsen zubereitet werden. Weichen Sie dafür 200 Gramm getrocknete Kichererbsen mindestens 8 Stunden, besser jedoch über Nacht, in kaltem Wasser ein. Wechseln Sie das Wasser aus und kochen Sie die Erbsen etwa eine Stunde, bis sie weich sind. Bereiten Sie den Hummus wie im Rezept beschrieben zu.

Hummus können Sie sowohl auf ein Pittabrot streichen wie auch als Dip zu rohem Gemüse, beispielsweise Zucchini-, Karotten- oder Kohlrabistiften, reichen.

Fisch-Zitronen-Spieße

Aus Griechenland

Zubereitungszeit: ca. 30 Minuten
Marinierzeit: ca. 2 Stunden

Zutaten für 4 Personen

400 g Filet von einem festfleischigen Fisch (Thunfisch, Schwertfisch, Seeteufel)
1 Zwiebel
10 EL Olivenöl
7 EL Zitronensaft
Salz
Fenchelsamen, gemahlen
50 g schwarze Oliven, entsteint
2 EL glatte Petersilie, gehackt
schwarzer Pfeffer, frisch gemahlen
1 Zitrone

In der Mittelmeerregion hat fast jede Familie, die sich einen Garten leisten kann, einen Zitronenbaum vor der Haustür stehen. Da der Baum ganzjährig Früchte trägt, muss die Hausfrau keine Angst haben, dass ihr dieses Würzmittel fehlt. Zitronen besitzen einen hohen Säuregehalt und geben den Spießen die richtige Würze.

1. Das Fischfilet unter fließendem Wasser waschen, mit Küchenkrepp trockentupfen und in etwa 2 Zentimeter große Würfel schneiden.

2. Für die Marinade die Zwiebel schälen und sehr fein hacken und mit 5 Esslöffeln Olivenöl, 5 Esslöffeln Zitronensaft, Salz und Fenchelsamen verrühren. Die Marinade über die Fischwürfel gießen und den Fisch mindestens 2 Stunden oder über Nacht zugedeckt im Kühlschrank marinieren.

3. Für die Sauce die Oliven fein hacken und mit dem restlichen Olivenöl, dem restlichen Zitronensaft, Petersilie sowie mit Salz und Pfeffer verrühren.

4. Die Zitrone waschen, abtrocknen und in Spalten schneiden. Die Fischwürfel aus der Marinade heben, die Marinade aber nicht weggießen. Die Fischwürfel abtropfen lassen und abwechselnd mit Zitronenspalten auf etwa 10 Zentimeter lange Holzspieße stecken.

5. Die Spieße auf dem Grill oder in der Pfanne ohne Fettzugabe rundherum etwa 4 Minuten braten, dabei ab und zu mit Marinade übergießen. Die Olivensauce separat dazu reichen.

Gazpacho

Aus Spanien

Zubereitungszeit: ca. 30 Minuten
Kühlzeit: ca. 2 Stunden

Zutaten für 4 Personen

500 g Tomaten
1 Gewürzzwiebel
1 Salatgurke
1 grüne Paprikaschote
3 Knoblauchzehen
2 Scheiben Toastbrot
1 EL Rotweinessig
200 ml Tomatensaft
3 EL Olivenöl
Salz
schwarzer Pfeffer, frisch gemahlen

1. Die Tomaten über Kreuz einritzen, kurz überbrühen, abschrecken und enthäuten. Die Tomaten vierteln, die Stielansätze herausschneiden und entkernen. Das Fruchtfleisch grob würfeln.

2. Die Zwiebel und die Gurke schälen, die Paprikaschote waschen, halbieren, Stiel, Kern sowie weiße Häutchen entfernen und das Fruchtfleisch fein würfeln.

3. Den Knoblauch schälen, mit den Tomaten und gut der Hälfte des übrigen Gemüses mit dem Mixstab pürieren.

4. Das Toastbrot mit dem Essig und dem Tomatensaft beträufeln und kurz ziehen lassen. Das Brot mit dem Öl zum pürierten Gemüse geben und alles mit dem Mixstab cremig pürieren. Alles mit Salz und Pfeffer abschmecken und zugedeckt 2 Stunden im Kühlschrank durchziehen lassen.

5. Vor dem Servieren die Suppe noch einmal durchrühren und abschmecken. Dann das übrige Gemüse hineingeben.

Crostada

Aus Spanien

Zubereitungszeit: ca. 20 Minuten

Zutaten für 4 Personen

200 g junger Manchego
5 EL Weißwein
Salz
etwas weißer Pfeffer, frisch gemahlen
3 Knoblauchzehen
1 EL frischer Oregano
1 Stangenweißbrot
3 EL Olivenöl
1 frisches Ei
1 EL Petersilie, gehackt

1. Den Manchego fein raspeln. Die Käseraspel mit dem Weißwein verrühren und mit Salz und Pfeffer würzen.

2. Den Knoblauch schälen und fein hacken. Den Oregano ebenfalls fein hacken und beides zur Käsemasse geben.

3. Dann den Backofen auf 250 °C (Umluft 230 °C; Gas Stufe 5) vorheizen und das Brot in etwa 1 1/2 Zentimeter dicke Scheiben schneiden. 2 Esslöffel Olivenöl in einer Pfanne erhitzen und die Brotscheiben darin auf beiden Seiten knusprig braten.

4. Ein Backblech mit dem restlichen Olivenöl ausfetten und die Brotscheiben darauf auslegen. Die Käsemasse auf dem Brot verteilen. Das Ei verquirlen und auf den Käse streichen.

5. Alles auf der mittleren Schiene etwa 3 Minuten im Ofen überbacken. Die Crostadas mit der Petersilie bestreuen und sofort servieren.

Panierte Tomaten

Aus der Türkei

Zubereitungszeit: ca. 20 Minuten

Zutaten für 4 Personen

4 Fleischtomaten
Salz
4 frische Eier
2 EL Basilikum, fein gehackt
150 g Semmelbrösel
5 EL Olivenöl

1. Die Tomaten waschen, trockenreiben, den Stielansatz entfernen und die Tomaten in etwa einen Zentimeter dicke Scheiben schneiden. Die Scheiben auf einer Platte auslegen, mit Salz bestreuen und etwa 30 Minuten ziehen lassen. Die Eier mit dem Basilikum verquirlen.

2. Die Tomatenscheiben mit Küchenkrepp trockentupfen und in den Semmelbröseln wenden.

3. Die panierten Tomatenscheiben durch die Eimischung ziehen und erneut in den Semmelbröseln wenden. Die Panade andrücken.

4. Das Olivenöl in einer Pfanne erhitzen. Die panierten Tomatenscheiben darin auf beiden Seiten goldgelb backen, mit Salz bestreuen und warm servieren.

Bauernsalat

Aus Griechenland

Zubereitungszeit: ca. 30 Minuten

Zutaten für 4 Personen

1 Salatgurke
300 g Tomaten
je 1 gelbe und grüne Paprikaschote
2 Zwiebeln
1 kleiner Eisbergsalat
300 g griechischer Schafskäse
10 schwarze Oliven, entsteint
1 Knoblauchzehe
4 EL Rotweinessig
2 EL Tomatensaft
Salz
schwarzer Pfeffer, frisch gemahlen
6 EL Olivenöl
3 Zweige frischer Oregano

1. Die Gurke waschen, schälen, längs halbieren, entkernen und in Scheiben schneiden. Die Tomaten waschen, trockenreiben, von den Stielansätzen befreien und achteln.

2. Die Paprikaschoten waschen, trockenreiben, putzen, vierteln, entkernen und in feine Streifen schneiden. Die Zwiebeln schälen und in sehr feine Ringe schneiden.

3. Den Eisbergsalat verlesen, waschen und trockenschütteln. Die Salatblätter in mundgerechte Stücke zupfen und dabei die Strunkansätze und die festen Blattrippen entfernen.

4. Den Käse sehr gut abtropfen lassen und in etwa 2 Zentimeter große Würfel schneiden.

5. Die vorbereiteten Salatzutaten mit den Oliven in eine große Salatschüssel geben und alles gründlich vermischen.

6. Den Knoblauch schälen und durch die Presse in eine kleine Schüssel drücken. Mit Essig und Tomatensaft verrühren und mit Salz und Pfeffer würzen. Nach und nach das Öl darunter schlagen.

7. Die Oreganoblätter von den Stielen zupfen und fein hacken. Die Blätter unter die Sauce rühren. Die Salatsauce auf den Salat träufeln und vorsichtig darunter mischen.

Weißer Bohnensalat

Aus der Türkei

Zubereitungszeit: ca. 40 Minuten

Zutaten für 4 Personen

Salz
1 Lorbeerblatt
1 kg frische weiße Bohnen
6 kleine Frühlingszwiebeln
4 Tomaten
1 Bund Basilikum
Saft von 1 Zitrone
Salz
schwarzer Pfeffer, frisch gemahlen
6 EL Olivenöl

1. Wasser in einem großen Topf mit etwas Salz und dem Lorbeerblatt zum Kochen bringen. In der Zwischenzeit die Bohnen herausschälen und gründlich waschen.

2. Die Bohnen in das kochende Wasser geben und etwa 15 Minuten zugedeckt bei mittlerer Hitze bissfest garen. Die Frühlingszwiebeln waschen, putzen und fein hacken.

3. Die Tomaten über Kreuz einritzen, kurz in kochendes Wasser tauchen, abschrecken und enthäuten. Die Stielansätze entfernen, die Tomaten vierteln, entkernen und fein würfeln.

4. Das Basilikum waschen, trockentupfen und die abgezupften Blätter fein hacken. Den Zitronensaft mit etwas Salz und Pfeffer in eine Schüssel geben und verrühren.

5. Das Olivenöl, die Frühlingszwiebeln, die Tomaten und das Basilikum zufügen und alles gut vermischen. Die fertig gegarten Bohnen abgießen, in die Sauce geben, umrühren und abschmecken.

Pizza alla Napoletana

Aus Italien

Zubereitungszeit: ca. 1 Stunde
Gehzeit: ca. 40 Minuten
Backzeit: ca. 20 Minuten

Zutaten für 4 Personen

500 g Mehl
1 Päckchen Trockenhefe (7 g)
250 ml lauwarmes Wasser
1/2 TL Zucker
Salz
3 vollreife Fleischtomaten
5 EL Olivenöl
Pfeffer, frisch gemahlen
300 g Büffelmozzarella
etwas Öl zum Einfetten
etwas Mehl zum Ausrollen
6–8 Sardellenfilets (aus dem Glas)
6 Basilikumblätter, klein gezupft

1. Für den Teig: Mehl, Hefe, lauwarmes Wasser, Zucker und enen Esslöffel Salz in eine Schüssel geben und alles zu einem geschmeidigen Teig verkneten.

2. Aus dem Teig zwei gleich große Kugeln formen. Jede Kugel in eine Schüssel legen und mit einem Tuch zugedeckt an einem warmen Ort auf das doppelte Volumen gehen lassen.

3. Inzwischen den Belag vorbereiten. Dazu die Tomaten enthäuten, halbieren, entkernen, ausdrücken und in kleine Würfel schneiden.

4. Die Tomaten in 2 Esslöffel Öl andünsten, salzen und pfeffern. Den Mozzarella abtropfen lassen und in feine Scheiben schneiden. Den Backofen bis zur maximalen Temperatur vorheizen und zwei Backbleche dünn einölen.

5. Die Teigkugeln auf einer bemehlten Arbeitsfläche zu etwa 1/2 Zentimeter dicken, runden Fladen (etwa 28 cm Ø) ausrollen.

6. Die Fladen auf die Bleche legen und belegen: Zunächst die Tomatenwürfel auf den Böden verteilen, dann die Mozzarellascheiben und zum Schluss die Sardellenfilets darauf geben.

7. Das Basilikum auf dem Belag verteilen, etwas Pfeffer darauf mahlen und alles mit dem restlichen Öl beträufeln. Die Pizza auf der mittleren Schiene 15 bis 20 Minuten backen.

Chili con carne

Zubereitungszeit: ca. 1 Stunde

Zutaten für 6 bis 8 Personen

3 getrocknete Chiles anchos
3 getrocknete Chiles guajillas
(ersatzweise 6 frische rote Chilischoten)
2 Zwiebeln
4 Knoblauchzehen
2 EL Öl
800 g gemischtes Hackfleisch
Salz
schwarzer Pfeffer, frisch gemahlen
1 TL frischer Oregano, fein gehackt
2 TL Kreuzkümmel
$^1/_4$ l Fleischbrühe (Instant)
1 große Dose geschälte Tomaten
1–2 EL Tomatenmark
500 g rote Bohnen aus der Dose
6–8 rote Chilischoten
frische Oreganozweige zum Dekorieren

1. Die getrockneten Chilischoten etwa 10 Minuten in lauwarmem Wasser einweichen, dann klein schneiden. Frische Chilischoten entkernen und in Ringe schneiden. Die Zwiebeln fein würfeln und die Knoblauchzehen dazupressen.

2. Das Öl in einem großen Topf erhitzen und die Zwiebeln darin goldbraun braten. Knoblauch und Hackfleisch hinzufügen und beides unter Rühren etwa $^1/_4$ Stunde anbraten.

3. Das Hackfleisch mit Salz und Pfeffer würzen, Chilischoten, Oregano und Kreuzkümmel hinzufügen, gut umrühren und die Brühe angießen. Die geschälten Tomaten zerdrücken und zusammen mit dem Tomatenmark und den Bohnen in den Topf geben. Alles gut miteinander verrühren und ohne Deckel bei milder Hitze etwa 20 Minuten köcheln lassen. Es soll eine dickflüssige Sauce entstehen.

4. Das Gericht auf sechs bis acht Teller verteilen und nach Belieben mit Chilischoten und Oreganozweigen dekorieren.

Panna Cotta

Aus Italien

Zubereitungszeit: ca. 25 Minuten
Kühlzeit: ca. 3 Stunden

Zutaten für 4 Personen

4 Blatt weiße Gelatine
250 g Himbeeren
2 EL Puderzucker
250 g Sahne
1/4 l Milch
1 Stange Zimt
3 EL Zucker
1/2 TL abgeriebene Schale einer unbehandelten Zitrone
Butter zum Einfetten
Puderzucker zum Ausstäuben
einige Pfefferminzblätter

1. Die Gelatine in kaltem Wasser einweichen. Inzwischen etwa 200 Gramm Himbeeren verlesen, durch ein feinmaschiges Sieb passieren und mit Puderzucker verrühren.

2. Die Sahne mit Milch, Zimtstange, Zucker und Zitronenschale etwa 5 Minuten bei schwacher Hitze köcheln lassen, danach den Topf vom Herd nehmen.

3. Die Gelatine ausdrücken und in der noch heißen Sahnemischung auflösen. Die Sahnecreme durch ein Sieb gießen und abkühlen lassen.

4. Mit der Butter vier Dessertförmchen ausfetten und dann die Förmchen mit Puderzucker ausstäuben. Die Sahnecreme in die Förmchen geben und zum Erstarren 2 bis 3 Stunden kühl stellen.

5. Kurz vor dem Servieren die Förmchen in warmes Wasser stellen und mit einem spitzen Messer am Innenrand entlang fahren. Die Sahnecreme aus den Förmchen stürzen und mit der Himbeersauce umgießen. Das Dessert mit Minze und den restlichen Himbeeren garnieren.

Zuppa inglese

Aus Italien

Zubereitungszeit: ca. 1 Stunde
Kühlzeit: ca. 2 Stunden

Zutaten für 4 Personen

1/2 l Milch
160 g Zucker
1 Vanilleschote
4 frische Eigelbe
2 TL Speisestärke
50 g dunkle Schokolade
250 g Löffelbiskuits
3 EL Alchermes (roter Gewürzlikör) oder Rum
200 g Kirschmarmelade
200 g Sahne
1 EL Zucker

1. Die Milch, bis auf etwa 2 Esslöffel, mit 50 Gramm des Zuckers und der aufgeschlitzten Vanilleschote aufkochen und dann abkühlen lassen. Weitere 100 Gramm Zucker mit den Eigelben zu einer Creme aufschlagen und die Milch darunter rühren.

2. Die Creme in einen Topf geben und unter ständigem Rühren bis knapp unter den Siedepunkt erhitzen. Die Stärke mit der restlichen Milch verrühren, bis die Creme gebunden ist.

3. Die Schokolade fein raspeln. Die Löffelbiskuits zerkrümeln und mit dem Alchermes oder dem Rum beträufeln. Die Hälfte der noch warmen Creme mit der Schokolade mischen.

4. In eine runde, hohe Schale nacheinander Löffelbiskuitmasse, Vanillecreme, Marmelade und Schokocreme einschichten. Das Ganze etwa 2 Stunden kühl stellen.

5. Abschließend die Sahne mit dem restlichen Zucker steif schlagen und auf das Dessert Sahnetupfen setzen.

Wandlungsfähiger kleiner Kuchen

Zubereitungszeit: ca. 40 Minuten

Zutaten für 1/2 Blech

150 g Sahne
3 Eier
300 g Mehl
75 g Zucker
1 TL Backpulver

Apfelbelag

125 g Butter oder Margarine
75 g Zucker
100 g Mandeln, gehobelt
4 säuerliche Äpfel
4 EL Zwiebackbrösel
1 EL Zimt
1 EL geriebene Zitronenschale
6 cl Rum

1. Die Sahne steif schlagen und die Eier nach und nach darunterschlagen.

2. Das Mehl mit dem Zucker und dem Backpulver vermischen und vorsichtig unter die Sahne rühren.

3. Ein Backblech mit Alufolie auslegen. Die Backfläche durch einen Streifen Folie in der Mitte halbieren.

4. Mit Butter oder Margarine ausfetten und den Teig darauf gleichmäßig verteilen.

5. Im auf 180 °C (Umluft 150 °C, Gas Stufe 2) vorgeheizten Backofen 15 Minuten backen.

6. In der Zwischenzeit die Butter oder Margarine mit dem Zucker in einem Topf erhitzen. Die Mandeln darin rösten.

7. Die Äpfel schälen, entkernen, halbieren und in Scheiben schneiden.

8. Nach der Backzeit den Teig herausnehmen, mit Zwiebackbröseln bestreuen, mit den Äpfeln belegen und mit der Mandelbutter begießen.

9. Den Zimt und die Zitronenschale darüberstreuen und mit Rum beträufeln.

10. Bei 180 °C (Umluft 150 °C, Gas Stufe 2) im Backofen weitere 10 Minuten backen und warm servieren.

Aprikosenbelag

300 g Aprikosen
300 g Joghurt
2 Eier
2 EL Speisestärke
1 Päckchen Vanillezucker
75 g Zucker
Saft von 2 Zitronen
1 EL Zitronenschale, gerieben
50 g Pistazien
50 g Pinienkerne

1. Den Teig wie bereits beschrieben zubereiten und backen. Mit den gewaschenen, gut abgetropften, halbierten und entsteinten Aprikosen belegen.

2. Den Joghurt mit den Eiern, der Speisestärke, dem Vanillezucker, dem Zucker, dem Zitronensaft und der geriebenen Zitronenschale glatt rühren und alles über die Aprikosen verteilen.

3. Mit den Pistazien und den Pinienkernen bestreuen und im auf 180 °C (Umluft 150 °C, Gas Stufe 2) vorgeheizten Backofen 10 bis 15 Minuten backen.

Kirschbelag

300 g Kaiserkirschen
125 g Magerquark
1/2 Tasse Sahne
2 Eier
1 Päckchen Vanillezucker
75 g Zucker
1 EL Zitronenschale, gerieben
4 cl Kirschwasser

1. Den Teig wie bereits beschrieben zubereiten und backen. Mit den gewaschenen, gut abgetropften und entsteinten Kaiserkirschen belegen.

2. Den Magerquark mit der Sahne, den Eiern, dem Vanillezucker und dem Zucker sowie der Zitronenschale und dem Kirschwasser verrühren.

3. Die Masse über die Kirschen verteilen. Im auf 180 °C (Umluft 150 °C, Gas Stufe 2) vorgeheizten Backofen 10 bis 15 Minuten backen.

Scharfe Kartoffelsuppe

Zubereitungszeit: ca. 25 Minuten

Zutaten für 2 Personen

1 Zwiebel
1 große rote Paprikaschote
2 mittelgroße Kartoffeln (190 g)
1 EL Sonnenblumenöl
500 ml Gemüsebrühe (Instant)
etwa 1/4 TL Paprikapulver, rosenscharf
2–4 Spritzer Tabasco
2 EL Tomatenmark
evtl. etwas Jodsalz

1. Die Zwiebel schälen, halbieren und in feine Streifen schneiden. Die Paprikaschote waschen, putzen und in 1/2 bis einen Zentimeter große Stücke schneiden. Die Kartoffeln waschen, schälen und ebenfalls in kleine Würfel schneiden.

2. Das Öl in einem Topf erhitzen. Die Zwiebelstreifen darin glasig dünsten, die Paprika- und Kartoffelwürfel hinzugeben und anbraten.

3. Das Gemüse mit der Brühe ablöschen, mit Paprikapulver, Tabasco und Tomatenmark würzen. Das Ganze zum Kochen bringen und in etwa 15 Minuten fertig garen.

4. Die Suppe nochmals abschmecken, eventuell salzen. Die Suppe in zwei tiefe Teller geben und heiß servieren.

Tipp: Die Suppe schmeckt nach diesem Rezept angenehm scharf. Durch Würzen mit Cayennepfeffer oder auch einer klein geschnittenen Chilischote kann sie höllisch scharf werden.

Schlemmerfilet mit Kräutern

Zubereitungszeit: ca. 20 Minuten

Zutaten für 2 Personen

2 Heilbuttsteaks
Salz
Pfeffer, frisch gemahlen
einige Tropfen Worcestersauce
einige Tropfen Zitronensaft
1 in kaltem Wasser eingeweichtes Brötchen
1 Ei
1 EL Meerrettich
einige Zweige Kerbel
einige Zweige Dill
einige Halme Schnittlauch
2 EL Gartenkresse, frisch geschnitten
50 g Emmentaler, gerieben

Für den Sud:
1/8 l Weißwein
1/2 Tasse Fleischbrühe (Instant)
1 Zwiebel
1 Stück Lorbeerblatt
2 Wacholderbeeren
1 Nelke

1. Die Heilbuttsteaks unter fließendem Wasser abwaschen, trockentupfen, salzen, pfeffern, mit Worcestersauce und Zitronensaft beträufeln und marinieren lassen.

2. Das Brötchen gut ausdrücken, zerpflücken, mit dem Ei, dem Meerrettich und den verlesenen, gewaschenen und fein gehackten Kräutern vermischen, mit Salz und Pfeffer gut würzen, mit dem Käse mischen.

3. Die Masse auf den Heilbuttscheiben verteilen.

4. Den Weißwein, die Fleischbrühe, die in Scheiben geschnittene Zwiebel, das Lorbeerblatt, die Wacholderbeeren und die Nelke in eine feuerfeste Form geben und aufkochen.

5. Die Heilbuttschnitten hineinsetzen und im auf 200 °C (Umluft 170 °C, Gas Stufe 3) vorgeheizten Backofen 10 Minuten garen. Sofort servieren.

Tipp: Sehr hübsch sieht es aus, wenn Sie die Heilbuttsteaks mit Tomatenscheiben und Scheiben eines hart gekochten Eies belegen und erst dann mit der Kräuter-Käse-Mischung abdecken und garen.

Naschkatzenteller

Zubereitungszeit: ca. 15 Minuten

Zutaten für 2 Personen

2 Eigelbe
1/2 Tasse Weißwein
1 TL Vanilezucker
2 cl Mandellikör
2 EL Instant-Kakao-Pulver
25 g Schokolade, geraspelt
1 Pfirsich
2 große Kugeln Vanilleeiscreme
2 EL Krokantsplitter

1. Die Eigelbe mit Weißwein, dem Vanillezucker, dem Mandellikör, dem Kakaopulver und der Schokolade in einer feuerfesten Schüssel verrühren.

2. Im Wasserbad unter ständigem Rühren schaumig schlagen.

3. Den Pfirsich halbieren, entkernen. Je eine Vanilleeiskugel in eine Pfirsichhälfte setzen, mit dem Schokoschaum überziehen und mit Krokantsplittern bestreuen.

Schlemmerteller

Zubereitungszeit: ca. 15 Minuten

Zutaten für 2 Personen

2 Eigelbe
1/2 Tasse Weißwein
1 TL Vanillezucker
2 EL Instant-Kaffee-Pulver
2 cl Maraschinolikör
1 Tasse Sahne, geschlagen
Zucker nach Geschmack
2 große Kugeln Aprikoseneiscreme
200 g gemischte Beeren
4 EL Mandelsplitter

1. Die Eigelbe mit dem Weißwein, dem Vanillezucker, dem Kaffeepulver und dem Maraschinolikör in einer feuerfesten Schüssel verrühren.

2. Die Mischung im Wasserbad schaumig schlagen.

3. Vom Feuer nehmen, leicht erkalten lassen und mit der Sahne vermischen. Je nach Geschmack zuckern.

4. Die Creme auf zwei Teller verteilen und in der Mitte das Aprikoseneis anrichten. Die Beeren verlesen, waschen, gut abtropfen lassen und mit den Mandelsplittern zum Eis geben.

Verführungsteller

Zubereitungszeit: ca. 15 Minuten

Zutaten für 2 Personen

2 Eigelbe
1/2 Tasse Orangensaft
1 TL Vanillezucker
einige Tropfen Zitronensaft
2 cl Orangenlikör
1 Tasse Sahne, geschlagen
Zucker nach Geschmack
2 große Kugeln Stracciatellaeiscreme
100 g frische Erdbeeren
2 Kiwis
2 EL Pistazien, gehackt

1. Die Eigelbe mit dem Orangensaft, dem Vanillezucker, dem Zitronensaft und dem Orangenlikör in einer feuerfesten Schüssel verrühren.

2. Die Mischung im Wasserbad schaumig schlagen.

3. Vom Feuer nehmen, leicht erkalten lassen, die Sahne unterheben und je nach Geschmack zuckern.

4. Die Creme auf zwei Tellern verteilen und das Stracciatellaeis in die Mitte setzen.

5. Die geputzten und in Scheiben geschnittenen Erdbeeren sowie die geschälten und in Scheiben geschnittenen Kiwis um das Eis anrichten.

6. Das Gericht mit den gehackten Pistazien bestreuen.

Knuspermüsli

Zubereitungszeit: ca. 25 Minuten

Zutaten für 2 Personen

4 EL Haferflocken
4 EL ganze Mandeln, geschält
2 EL Sonnenblumenkerne
2 EL Sesam
1 kleine Prise Salz
2 TL Sonnenblumenöl
50 g Rosinen
4 Datteln, gehackt
etwas abgeriebene Schale einer unbehandelten Orange
300 ml Vollmilch

Im Handel gibt es auch fertige Knuspermüslis zu kaufen. Diese so genannten Crunchys enthalten teilweise aber sehr viel Fett und Zucker. Wenn Sie gerne Crunchy mögen, mischen Sie es einfach mit einem normalen Fertigmüsli.

1. Den Backofen auf 175 °C (Umluft 150 °C; Gas Stufe 2) vorheizen. Haferflocken, Mandeln, Sonnenblumenkerne und Sesam mit dem Salz und dem Sonnenblumenöl gut vermischen und auf einem Backblech im Ofen etwa 15 Minuten rösten. Das Blech herausnehmen und abkühlen lassen.

2. Inzwischen in einer Schale die Rosinen und die Datteln mit der Orangenschale vermischen. Die Haferflockenmasse dazugeben und das Müsli mit der Milch begießen. Mit einem Zestenreißer von der restlichen Orangenschale dünne Streifen abziehen und das Müsli damit garieren.

Tipp: Sie können dieses Müsli auch gut auf Vorrat zubereiten. Bewahren Sie es an einem trockenen, luftigen Ort auf, beispielsweise in einem offenen Glas, da es sonst feucht wird. So hält es sich etwa eine Woche.

Lachsttoast mit Ei und Salat

Zubereitungszeit: ca. 15 Minuten

Zutaten für 2 Personen

2 EL saure Sahne
1 1/2 TL körniger Senf
1/2 TL mittelscharfer Senf
etwas Kräutersalz
Pfeffer, frisch gemahlen
100 g Räucherlachs in dicken Scheiben
1 TL Kapern (aus dem Glas)
1 kleine Zwiebel
2 Scheiben Vollkorntoastbrot
2 Salatblätter
1 hart gekochtes Ei zum Garnieren

1. Die saure Sahne mit dem Senf verrühren. Die Mischung mit Salz und Pfeffer abschmecken.

2. Den Lachs in kleine Würfel schneiden und mit den Kapern mischen. Die Zwiebel schälen und fein würfeln.

3. Das Toastbrot mit der Senfcreme bestreichen und mit den Salatblättern belegen. Die Lachs-Kapern-Mischung und die Zwiebel darauf verteilen und die Brotscheiben diagonal durchschneiden. Die Eier schälen und vierteln. Die Brotecken mit den Eivierteln garnieren.

Tipps: Die Toastbrotschnitten leicht gekühlt servieren. Zu diesem feinen Imbiss passt eine Apfelschorle.

Kapern sind die Blütenknospen des mehrjährigen Kaperstrauches, der am Mittelmeer beheimatet ist. Kapern werden in Essig, Salzlake oder Wein eingelegt. Kleine Kapern sind teurer als große, dafür aber schmackhafter und aromatischer. Das säuerliche, manchmal etwas bittere Aroma der Kapern verleiht Sandwichs und anderen Gerichten einen pikanten Geschmack.

Wer kennt sie nicht – die Nachmittage, Abende und Wochenenden, die man einfach nur gemütlich zu Hause auf der Coach bei einem spannenden Buch oder vor dem Fernseher verbringen möchte. Und was wäre ein solches Event ohne einen kleinen herzhaften Imbiss, wobei hier nicht die üblichen Chips oder die lauwarme Pizza vom Pizzaservice gemeint sind, sondern einfache, aber delikate Rezepte ohne großen Einkauf, Aufwand und Abwasch. Wie wäre es zum Beispiel mit Salami-Käse-Muffins zum großen Fernsehfilm der Woche oder geeistes Apfelmus als kleine Abkühlung bei heißen Krimiabenden gereicht?

Einfache Schinkentaschen (s. Abb. S. 110/111)

Für Ihren langen Fernseh- oder Leseabend können Sie die Zutaten Ihrer Wahl auf ein großes Brett oder eine Platte legen, damit Sie sich zu jeder Zeit einen passenden Sandwich-Toast zubereiten können. Neben den vielen Wurst- und Käsesorten sollten Sie einige Saucen und Dips oder verschiedene Cremes und Mischungen bereithalten.

Zubereitungszeit: ca. 6 Minuten

Zutaten für 1 Person

4 Scheiben Toastbrot
1–2 EL Remouladensauce
1 kleine Zwiebel
1 Essiggurke
2 EL Schnittlauch, frisch geschnitten
2 Scheiben gekochter oder roher Schinken
1–2 EL Curryketchup
2 Scheibletten
Blattsalat

1. Die Toastbrotscheiben mit der Remouladensauce bestreichen.

2. Die Zwiebel in feine Würfel schneiden. Die Essiggurke hacken.

3. Zwiebelwürfel, Essiggurken und Schnittlauch mischen und gleichmäßig auf die Remouladensauce verteilen.

4. Den Schinken darauf legen. Mit Curryketchup bestreichen und mit den Scheibletten bedecken.

5. Die restlichen Toastscheiben darauf legen und im Sandwich-Toaster 3 bis 4 Minuten toasten.

6. Die Schinkentaschen herausnehmen, diagonal halbieren, anrichten und mit dem Salat servieren.

Tomatenecken

Zubereitungszeit: ca. 4 Minuten

Zutaten für 1 Person

1 Tomate
4 Scheiben Toastbrot
1–2 EL Butter oder Margarine
2 Scheiben gekochter Schinken
1 Schalotte
Salz
Pfeffer, frisch gemahlen
je 1 EL Basilikum und Oregano, gehackt
2 Scheibletten

1. Die Tomate vom Strunk befreien und in hauchdünne Scheibchen schneiden.

2. Die Toastbrote dünn mit Butter oder Margarine bestreichen und zwei Scheiben mit dem gekochten Schinken belegen. Die Tomatenscheiben gleichmäßig darauf legen. Die Schalotte fein hacken und darüber streuen. Das Ganze mit Salz, Pfeffer, Basilikum und Oregano würzen und mit den Scheibletten bedecken. Mit den restlichen Toastbrotscheiben bedecken und im Sandwich-Toaster 5 bis 6 Minuten toasten.

Spargeldreiecke

Zubereitungszeit: ca. 5 Minuten

Zutaten für 1 Person

50 g gekochter Spargel aus der Dose
1 kleines hart gekochtes Ei
50 g Hühnerbrust, gekocht
1 EL Gartenkresse, gehackt
Salz
Pfeffer, frisch gemahlen
1 Prise Cayennepfeffer
1–2 EL Emmentaler, gerieben
4 Scheiben Toastbrot
1–2 EL Butter oder Margarine

1. Den Spargel gut abtropfen lassen und in dünne Scheibchen schneiden. Das Ei schälen und fein hacken.

2. Die Hühnerbrust würfeln und mit dem Spargel, dem Ei und der Kresse mischen. Die Fleisch-Spargel-Mischung mit Salz, Pfeffer und Cayennepfeffer würzen und den Käse darunter rühren.

3. Die Toastbrotscheiben mit Butter oder Margarine und mit der Masse bestreichen. Dann zusammenklappen und im Sandwich-Toaster 3 bis 4 Minuten toasten. Herausnehmen, anrichten und servieren.

Käse-Kräuter-Creme

Zubereitungszeit: ca. 15 Minuten

Zutaten für 1 Person

100 g weicher Camembert
25 g Roquefort
75 g weiche Butter
2 EL Petersilie, gehackt
1 EL Schnittlauchröllchen
Salz
schwarzer Pfeffer, frisch gemahlen
etwas Koriander, gemahlen

1. Den Camembert und den Roquefort mit einer Gabel zerdrücken und zusammen mit der Butter pürieren.

2. Die Kräuter unter die Creme rühren und diese mit Salz, Pfeffer und Koriander abschmecken. Die Käse-Kräuter-Creme mit etwas Schwarzbrot servieren.

Paprika-Fleisch-Creme

Zubereitungszeit: ca. 30 Minuten

Zutaten für 1 Person

etwas Suppengrün
100 g Schweinebraten, gegart
1 EL Paprikamark (Fertigprodukt)
1 EL Crème fraîche
Salz
schwarzer Pfeffer, frisch gemahlen

1. Das Suppengrün grob würfeln und in wenig Salzwasser bissfest dünsten.

2. Inzwischen das Bratenfleisch würfeln. Das Gemüse abtropfen lassen und zusammen mit dem Fleisch im Mixer pürieren.

3. Das Paprikamark und die Crème fraîche unter die Masse rühren und diese mit Salz und Pfeffer abschmecken. Die Paprika-Fleisch-Creme mit etwas Toastbrot servieren.

Quark-Eier-Creme

Zubereitungszeit: ca. 15 Minuten

Zutaten für 1 Person

1 kleines hart gekochtes Ei
50 g Quark (20 % Fett)
1 kleine Schalotte
1 Cornichon
Salz
schwarzer Pfeffer, frisch gemahlen

1. Das Ei pellen, fein würfeln, durch ein Sieb streichen und dann mit dem Quark verrühren.

2. Die Schalotte schälen und sehr fein würfeln. Das Cornichon ebenfalls fein würfeln. Beides unter den Quark rühren.

3. Die Creme zum Schluss mit etwas Salz und Pfeffer nach Belieben abschmecken und mit etwas Fladenbrot servieren.

Tomatendip

Zubereitungszeit: ca. 15 Minuten

Zutaten für 1 Person

50 g Magermilchjoghurt
1 EL Crème fraîche
1 EL Magerquark
weißer Pfeffer, frisch gemahlen
1 Msp. Meerrettich, frisch gerieben
1 Msp. Senf
1 TL Tomatenketchup
1 kleine Tomate
1 Zweig Estragon
1 Zweig Basilikum

1. Den Joghurt mit der Crème fraîche und dem Quark glatt rühren und die Masse mit Pfeffer, Meerrettich, Senf und Ketchup abschmecken.

2. Die Tomate waschen, vom Stielansatz befreien, vierteln, entkernen und das Fruchtfleisch in kleine Würfel schneiden.

3. Von Estragon und Basilikum jeweils die Blättchen abzupfen und diese fein schneiden. Einige Blättchen für die Garnitur beiseite legen. Die Kräuter unter den Tomatendip ziehen.

4. Den Dip in eine Schüssel geben, die Tomatenwürfel darauf platzieren und zum Schluss das Ganze mit Estragon- und Basilikumblättchen garnieren und mit etwas Brot oder Rohkost (zum Beispiel Karotten, Sellerie, Gurken) servieren.

Dilldip mit Leinsamen

Zubereitungszeit: ca. 15 Minuten

Zutaten für 1 Person

50 g Magermilchjoghurt
1 EL Crème fraîche
1 EL Magerquark
weißer Pfeffer, frisch gemahlen
Muskatnuss, frisch gerieben
einige Zweige Dill
1 TL Leinsamen

1. Den Joghurt mit der Crème fraîche und dem Quark glatt rühren und die Masse mit Pfeffer und Muskat abschmecken.

2. Vom Dill die Blättchen abzupfen. Einige Zweige für die Garnitur beiseite legen, die restlichen Blättchen fein schneiden und unter die Quarkcreme heben.

3. Die Dillcreme in eine Schale geben. Den Leinsamen darüber streuen und mit den restlichen Dillzweigen garnieren. Das Ganze mit etwas Rohkost (dazu eignen sich Karotten, Sellerie, Gurken) oder Brotchips servieren.

Tipp: Dieser Dip kommt ohne Salzzugabe aus, er erhält seine Würze vor allem durch den frischen Dill. Er ist daher für Schonkost und natriumarme Ernährung geeignet.

Salami-Käse-Muffins

Zubereitungszeit: ca. 20 Minuten
Backzeit: ca. 20 Minuten

Zutaten für 6 Muffins

Butter für das Blech
25 g Salami am Stück
140 g Mehl
1 TL Zucker
1 TL Backpulver
1/2 TL Salz
30 ml Pflanzenöl
1 frisches Ei
90 g Buttermilch
25 g Gouda, gerieben
etwas Paprikapulver, edelsüß

1. Den Backofen auf 200 °C (Umluft 170 °C, Gas Stufe 3) vorheizen. Sechs Vertiefungen eines Muffinblechs mit Butter ausfetten oder mit Papierförmchen (aus dem Handel) auslegen. Die Salami fein würfeln.

2. Das Mehl in eine Schüssel sieben. Zucker, Backpulver und Salz zugeben und alles gut miteinander vermischen.

3. Das Öl in eine große Schüssel gießen. Das Ei zusammen mit der Buttermilch unterrühren.

4. Die Mehlmischung nach und nach dazugeben und verrühren, bis das Mehl ganz untergearbeitet und ein glatter Teig entstanden ist. Den Gouda und die Salamiwürfel unterheben.

5. Den Teig gleichmäßig auf die Muffinformen verteilen und die Muffins auf der mittleren Schiene des Ofens 20 bis25 Minuten goldbraun backen. Die Muffins vor dem Servieren mit etwas Paprikapulver bestreuen.

Zimtmuffins

Zubereitungszeit: ca. 20 Minuten
Backzeit: ca. 18 Minuten

Zutaten für 6 Muffins

Butter für das Blech
120 g Mehl
1 TL Backpulver
1/2 Päckchen Bourbon-Vanillezucker
1 gute Prise Salz
75 g Butter
100 g Zucker
1 kleines frisches Ei
50 g saure Sahne
30 ml Milch
1/2 TL Zimt

1. Den Backofen auf 190 °C (Umluft 160 °C; Gas Stufe 2–3) vorheizen. Sechs Vertiefungen eines Muffinblechs mit Butter ausfetten oder mit Papierförmchen auslegen.

2. Mehl, Backpulver, Vanillezucker und Salz in einer großen Schüssel mit einem Schneebesen vermischen. 40 Gramm Butter zerlassen und mit 50 Gramm Zucker, dem Ei, der sauren Sahne und der Milch mit einem Schneebesen in einer mittelgroßen Schüssel gut vermischen.

3. Die flüssigen Zutaten in die Mehlmischung geben und vermengen, bis das Mehl ganz untergearbeitet ist.

4. Den Teig gleichmäßig auf die Muffinformen verteilen und die Muffins auf der mittleren Schiene des Ofens 18 bis 20 Minuten backen, bis sie leicht bräunlich sind. Die Muffins nach 10 Minuten aus den Vertiefungen herausnehmen und auf einem Gitterrost abkühlen lassen.

5. Die restliche Butter zerlassen und in eine kleine Schüssel geben. Den restlichen Zucker und den Zimt in eine andere kleine Schüssel geben und vermischen. Wenn die Muffins nicht mehr heiß sind, jeden Muffinkopf erst kurz in die Butter und dann in den Zimtzucker tauchen. Die Muffins am besten warm und frisch genießen.

Kirschmuffins

Zubereitungszeit: ca. 25 Minuten
Backzeit: ca. 18 Minuten

Zutaten für 6 Muffins

Butter oder Papierförmchen für das Blech
100 g Kirschen, entsteint
etwa 50 g Zucker
140 g Mehl
3/4 TL Natron
1 gute Prise Salz
25 g Butter
1 kleines frisches Ei
110 g saure Sahne
1/2 Päckchen Bourbon-Vanillezucker

1. Den Backofen auf 200 °C (Umluft 170 °C; Gas Stufe 3) vorheizen. Sechs Vertiefungen eines Muffinblechs mit Butter ausfetten oder mit Papierförmchen auslegen.

2. Die Kirschen waschen, abtropfen lassen und in kleine Stückchen schneiden. Einige Kirschen zur Seite legen. Die restlichen Kirschstückchen mit einem Esslöffel Zucker in eine Schüssel geben und so verrühren, dass sie ganz mit Zucker überzogen sind.

3. Mehl, 25 Gramm Zucker, Natron und Salz in einer großen Schüssel mit einem Schneebesen vermischen. Die Butter zerlassen und mit dem Ei, der sauren Sahne und dem Vanillezucker mit einem Schneebesen in einer mittelgroßen Schüssel gut vermengen.

4. Die flüssigen Zutaten und die Kirschstückchen in die Mehlmischung geben und alles vorsichtig verrühren, bis das Mehl ganz untergearbeitet ist.

5. Den Teig gleichmäßig auf die Muffinformen verteilen, den restlichen Zucker auf die Muffins streuen und diese mit den restlichen Kirschen garnieren.

6. Die Muffins auf der mittleren Schiene 18 bis 20 Minuten backen, bis sie leicht bräunlich sind. Die Kirschmuffins nach 10 Minuten aus den Vertiefungen herausnehmen und auf einem Gitterrost abkühlen lassen.

Tipp: Sie haben keine Kirschen im Haus, aber da steht noch eine Schachtel Kirsch-Schokoladen-Pralinen? Schneiden Sie diese in grobe Stücke und backen Sie sie in die Muffins ein – ein toller Kirschersatz!

Zitronen-Mohn-Kekse

Zubereitungszeit: ca. 20 Minuten
Backzeit: ca. 13 Minuten

Zutaten für ca. 16 Stück

Backpapier für das Blech
180 g Mehl
1/2 TL Natron
1/2 Päckchen Citroback
1 EL Mohn
1/2 Päckchen Bourbon-Vanillezucker
1 gute Prise Salz
80 g weiche Butter
100 g Zucker
1 frisches Ei

1. Den Backofen auf 180 °C (Umluft 150 °C; Gas Stufe 2–3) vorheizen. Ein Backblech mit Backpapier auslegen.

2. Das Mehl in eine Schüssel sieben. Natron, Citroback, Mohn, Vanillezucker und Salz dazugeben und alles gut mit einem Schneebesen vermischen.

3. Die Butter in eine Schüssel geben und cremig rühren. Zucker und das Ei dazugeben und jeweils gut unterrühren.

4. Die Mehlmischung nach und nach zur Buttermischung geben und alles zu einem glatten Teig verarbeiten.

5. Mit einem Teelöffel aus dem Teig etwa 3 bis 4 Zentimeter große Bällchen formen und diese mit etwa 5 Zentimeter Abstand auf das Backblech legen. Mit dem Boden eines Trinkglases die Bällchen vorsichtig flach drücken, bis sie etwa einen Zentimeter dick sind. Die Kekse auf der mittleren Schiene des Ofens 13 Minuten hellbraun backen.

Tipps: Ideen für die Garnierung: Geben Sie Zitronenzesten oder Mohn auf die Kekse. Mohn kann allerdings bei empfindlichen Personen zu Kopfschmerzen führen. Falls Sie also lieber darauf verzichten wollen, können Sie stattdessen auch Kokosraspel nehmen oder Sie nehmen je einen Esslöffel Zitronat und Orangeat.

Apfeltörtchen

Zubereitungszeit: ca. 30 Minuten

Zutaten für 1 Person

1 mittelgroßer Apfel
100 ml Rotwein
1 TL Zucker
2 EL Natur- oder Fruchtjoghurt
1 Mürbeteig- oder Bisquittörtchen (Tortelett)
1 TL Vanillezucker
1/2 TL Maismehl
1 EL Cashewkerne

1. Den Apfel schälen und das Kerngehäuse ausstechen. Dann den Wein in einem kleinen Topf erhitzen, den Zucker hineinrühren und den Apfel im geschlossenen Topf halb weich kochen.

2. Den Joghurt auf dem Törtchen verteilen. Den Apfel aus dem Wein nehmen, in Spalten schneiden und diese auf den Joghurt legen.

3. Den Vanillezucker und das Maismehl in den Wein rühren, das Ganze behutsam aufkochen und unter ständigem Rühren eindicken lassen.

4. Die Apfelspalten mit dem Guss überziehen. Die Cashewkerne hacken und darauf streuen.

Variation: Statt eines Apfels können Sie auch eine kleine Birne nehmen. Bestreuen Sie das Törtchen dann mit gehackten Pistazienkernen.

Rote Grütze mit Vanillesauce

Zubereitungszeit: ca. 30 Minuten

Zutaten für 1 Person

Für die Sauce:
1 Eigelb
Mark von 1/2 Vanilleschote
1 EL Zucker
5 EL Schlagsahne

Für die Grütze:
je 50 g Erdbeeren, Himbeeren, rote Johannisbeeren und Sauerkirschen oder
150–200 g Beerenmischung (TK-Produkt)
4 EL Wasser
1 EL Zucker
2 TL Spesiestärke

1. Das Eigelb mit dem Vanillemark und dem Zucker im Wasserbad schaumig rühren. Nach und nach die Schlagsahne unterrühren und die Sauce kalt stellen.

2. Von den Erdbeeren die Blütenkelche, von den Johannisbeeren die Rispen entfernen und die Sauerkirschen entsteinen. Mit 3 Esslöffeln Wasser und dem Zucker 5 Minuten kochen lassen. Die Speisestärke mit einem Esslöffel Wasser anrühren und die Grütze damit binden. In eine Schüssel geben und abgekühlt mit der Vanillesauce servieren.

Variation: Besonders exquisit wird diese Nachspeise, wenn man sie mit Nockerln von weißer Schokoladenmasse (Fertigprodukt) auf einem Dessertteller anrichtet.

Mangosorbet

Zubereitungszeit: ca. 10 Minuten

Zutaten für 1 Person

Fruchtfleisch von 1/2 Mango
2 cl Weißwein
1/2 Tasse Sahne
1 Msp. Vanillezucker
Zucker nach Geschmack
1 große Kugel Zitroneneiscreme
2 cl Mangolikör
1/2 Kiwi
einige Cocktailkirschen
Cocktailspieße
einige Melissenzweige

1. Das Mangofruchtfleisch mit dem Weißwein im Mixer oder mit dem Pürierstab pürieren.

2. Die Sahne mit dem Vanillezucker steif schlagen und je nach Geschmack mit Zucker süßen.

3. Das Zitroneneis mit dem Mangopüree und der Sahne glatt rühren.

4. Den Mangolikör unterziehen und das Ganze in ein Glas geben.

5. Die Kiwi schälen, in Stücke schneiden, mit den Cocktailkirschen auf ein Spießchen stecken und dieses in das Sorbet geben. Das Sorbet mit Melissezweigen garnieren, sofort servieren.

Geeistes Apfelmus

Zubereitungszeit: ca. 10 Minuten

Zutaten für 1 Person

1/2 Tasse Apfelmus
2 EL Sahne, geschlagen
1 TL Vanillezucker
Zucker nach Geschmack
1 Msp. Zimt
1/2 TL Obstwasser
1 große Kugel Vanilleeiscreme
2 EL Preiselbeerkompott
einige Löffelbiskuits

1. Das Apfelmus in eine Schüssel geben und die geschlagene Sahne vorsichtig darunter ziehen.

2. Das Mus mit Vanillezucker und Zucker je nach Geschmack süßen.

3. Den Zimt und das Obstwasser unter das Apfelmus ziehen und die Mischung in ein Glas geben.

4. Das Vanilleeis auf das Apfelmus setzen und mit Preiselbeeren und Löffelbiskuits garnieren.

Tipp: Anstelle des Apfelmuses können Sie jedes beliebige Fruchtpüree verwenden. Je nach Geschmack lassen sich Birnen, Aprikosen, Pfirsiche oder Ananasstücke in einem Sud aus Weißwein, Zitronensaft, Vanillezucker, Zimt und Nelken weich kochen und anschließend pürieren. Schneller geht es noch, wenn Sie Beerenfrüchte verwenden. Wählen Sie zu jeder Frucht den passenden Likör oder Obstbranntwein aus. Vor dem Pürieren werden die Beeren noch leicht gezuckert.

Rezeptverzeichnis

Apfelschnee mit Rosinen 42
Apfeltörtchen 122
Avocadosalat mit Ei und Lachs 20

Bananenmilch 41
Bandnudeln mit Lachs 35
Bandnudeln mit Rindfleischstreifen 30
Bauernsalat 96
Bauernspätzle 29
Bohnencurry mit Garnelen 27
Bohnen-Mais-Hack 39
Bohnensalat mit Speck 68
Bunter Fleischsalat 50

Chefsalat 90
Chicoréesalat mit Mango 19
Chili con carne 99
Crostada 94

Dilldip mit Leinsamen 116

Einfache Schinkentaschen 112
Empanadas mit Lammfüllung und Mais-Tomaten-Salsa 84
Endiviensalat mit Ei und Nüssen 18
Erdbeerquark 87

Feldsalat mit Kartoffeldressing 56
Fettuccine mit Nüssen 34
Fisch-Zitronen-Spieße 92
Frischkäse-Gurken-Dip 73
Frühlingsrollen mit Gemüse 62
Frühstücksdrink mit Karotte 66

Garnelen-Schinken-Salat 71
Gazpacho 93
Gebratene Hähnchenschenkel mit Karottengemüse 52
Gebratener Gemüsereis mit Edelpilzkäse 28
Gebratene Schinkennudeln 49
Geeistes Apfelmus 124
Gefülltes Fladenbrot 78
Gemüseeintopf mit Fleischstreifen 51
Gemüsesalat 21
Gratinierte Zucchini-Puten-Spieße 26
Griechisches Sandwich 77

Hackfleischtopf 39
Hähnchenrisotto mit Parmesan 58
Hähnchensalat 53
Hummus 91

Karottenrohkost mit Meerrettich 74
Kartoffelsuppe mit Lachs 54
Käse-Kräuter-Creme 114
Käse-Sherry-Brezeln 80
Käse-Wurst-Salat 70
Kefirdrink 40
Kerbelcreme 73
Kirschmuffins 120
Knuspermüsli 108
Krabbenrührei mit Dill 22

Lachsttoast mit Ei und Salat 109

Mangosorbet 124
Mascarponebrötchen 81
Melissen-Soja-Cocktail 66
Mexikanische Muffins 82
Mozzarellabrötchen 79
Muschelnudeln mit Kräutern 32

Naschkatzenteller 106
Nudeln alla Puttanesca 46

Orientalischer Kräuterdrink 67

Panierte Tomaten 94
Panna Cotta 100
Paprika-Fleisch-Creme 114
Penne-Brokkoli-Gratin 31

Pfannkuchen mit Kräutercreme 23
Pfannkuchen mit Spinat 23
Pfirsich mit Hüttenkäse 87
Pikanter Nudelsalat 46
Pizza alla Napoletana 98
Power-Früchte-Shake 40
Putenbrust in Thunfischsauce 25

Quarkcreme mit Früchten 42
Quark-Eier-Creme 115

Rapunzelsalat 19
Reis à la Risotto 61
Reispuffer 59
Reissalat mit Huhn 60
Ricotta-Tramezzini 76
Rote Grütze mit Vanillesauce 123
Rumpsteak mit Zitrusfrüchten 36

Salami-Käse-Muffins 118
Salatsüppchen 16
Scharfe Kartoffelsuppe 104
Schlemmerfilet mit Kräutern 105
Schlemmerteller 106
Schnelles Porreesüppchen 17
Schnitzel mit Linsen-Kartoffel-Sauce 55
Schollenfilet auf Tomaten 24
Schuckmann-Crêpes 43
Schweinesteak mit Pistazienfüllung 37
Seezungenfilet auf Shrimps 24
Spaghetti mit Basilikum 35
Spanischer Kartoffelsalat 69
Spargeldreiecke 113
Spargelsüppchen mit Kresse 16
Spargeltortilla 34
Südtiroler Herbstsalat 75

Tacos mit Putenfleisch 38
Tiramisu 41
Tomatendip 116
Tomatenecken 112
Tomaten-Käse-Salat 72
Tomaten-Mozzarella-Teller 90
Türkischer Joghurt mit Honig und Nüssen 86

Überbackene Kräutergnocchi 33
Überbackener Kabeljau mit Lauchnudeln 48

Verführungsteller 107
Viva Reste-Paella 57
Vollkornkuchen Verdure 63

Wandlungsfähiger kleiner Kuchen 102
– Apfelbelag 102
– Aprikosenbelag 103
– Kirschbelag 103
Weißer Bohnensalat 97

Zimtmuffins 119
Zitronen-Mohn-Kekse 121
Zucchini-Salami-Täschchen 83
Zuppa inglese 101
Zwiebel-Käse-Nudeln 47

ISBN 978-3-8094-2979-1

Umschlaggestaltung: rotfisch, Niedernhausen
Layout: Harald Kraft
Redaktion: Sabine Kieslich, Mainz
Herstellung: Elke Cramer
Projektleitung: Anja Halveland
Umschlagfoto vorne: Karl Newedel, München
Rezeptfotos: Klaus Arras, Köln: S. 40, 44, 47, 50, 51, 56, 57, 60–64, 67, 69, 108, 109; BFF: S. 72; M. Brauner: S. 30, 70, 76, 80; Crauel & Uphoff: S. 25, H. J. Döblin, Schwäbisch-Gmünd: S. 71; Carsten Eichner, Hamburg: S. 104, FALKEN Archiv: S. 82, S. 85, S. 95; W. Feiler, Karlsruhe: S. 77, 81, 88, 93, 97, 98, 100, 101, 110, 113, 115; Harms, B., Hamburg: S. 22, 73, 99; U. Kopp, Füssen: 96, 118–121; Schilling & Schmitz, Köln: S. 6, 8, 12, 13, 18– 20, 37, 42, 43, 68, 122; Studio M.Schwarz, Frankfurt/Main: S. 117; TLC, Velen-Ramsdorf: S. 2, 9–11, 14, 17, 24, 26–29, 31–36, 39, 48, 49, 52–55, 58, 59, 74, 75, 78, 79, 83, 86, 102, 103, 105, 106, 107, 123, 125; Brigitte Wegner, Bielefeld: S. 38, 91; M. Wissing: S. 21, 23, 41, 87

Satz: FROMM MediaDesign GmbH, Selters/Ts.
Druck: Mohn media Mohndruck GmbH, Gütersloh

Printed in Germany

FSC
www.fsc.org
MIX
Papier aus verantwortungsvollen Quellen
FSC® C011124

Verlagsgruppe Random House FSC-DEU-0100
Das für dieses Buch verwendete FSC®-zertifizierte Papier *Novatech satin* wurde produziert von UPM Dörpen.

817 2635 4453 6271